覚えておきたい
オリンピックの顔
~歴代メダリストのガイドブック~

絵と文
本間康司

清水書院

覚えておきたい オリンピックの顔 もくじ

夏季オリンピック

第 1 回 アテネ大会 1896 年 ……………… 6

第 2 回 パリ大会 1900 年 ……………… 8

第 3 回 セントルイス大会 1904 年 ……………… 10

第 4 回 ロンドン大会 1908 年 ……………… 12

第 5 回 ストックホルム大会 1912 年 ……………… 14

　金栗四三（かなくり・しそう）／15

第 7 回 アントワープ大会 1920 年 ……………… 18

　熊谷一弥（くまがい・いちや）／19

第 8 回 パリ大会 1924 年 ……………… 21

　内藤克俊（ないとう・かつとし）／22

第 9 回 アムステルダム大会 1928 年 ……………… 24

　織田幹雄（おだ・みきお）／25

　鶴田義行（つるた・よしゆき）／26

　人見絹枝（ひとみ・きぬえ）／27

第 10 回 ロサンゼルス大会 1932 年 ……………… 28

　南部忠平（なんぶ・ちゅうへい）／29

　清川正二（きよかわ・まさじ）／30

　西 竹一（にし・たけいち）／31

　第 9 回・第 10 回 メダリスト一覧 ……………… 33

第 11 回 ベルリン大会 1936 年 ……………… 34

　前畑秀子（まえはた・ひでこ）／35

　田島直人（たじま・なおと）／36

　孫 基禎（そん・ぎじょん）／37

　第 11 回 メダリスト一覧 ……………… 38

第 14 回 ロンドン大会 1948 年 ……………… 40

第 15 回 ヘルシンキ大会 1952 年 ……………… 41

　石井庄八（いしい・しょうはち）／42

　第 15 回 メダリスト一覧 ……………… 43

第 16 回 メルボルン大会 1956 年 ……………… 44

　笹原正三（ささはら・しょうぞう）／45

　古川 勝（ふるかわ・まさる）／46

　山中 毅（やまなか・つよし）／47

　第 16 回 メダリスト一覧 ……………… 48

第 17 回 ローマ大会 1960 年 ……………… 49

　小野喬（おの・たかし）／50

　田中聡子（たなか・さとこ）／51

　アベベ・ビキラ／52

　第 17 回 メダリスト一覧 ……………… 53

第 18 回 東京大会 1964 年 ……………… 54

　三宅義信（みやけ・よしのぶ）／55

　遠藤幸雄（えんどう・ゆきお）／56

　渡辺長武（わたなべ・おさむ）／57

　河西昌枝（かさい・まさえ）／58

　円谷幸吉（つぶらや・こうきち）／59

　ベラ・チャスラフスカ／60

　第 18 回 メダリスト一覧 ……………… 62

第 19 回 メキシコシティー大会 1968 年 ……… 64

　釜本邦茂（かまもと・くにしげ）／65

　中山彰規（なかやま・あきのり）／66

　君原健二（きみはら・けんじ）／67

　第 19 回 メダリスト一覧 ……………… 69

第 20 回 ミュンヘン大会 1972 年 ……………… 70

　加藤沢男（かとう・さわお）／71

　青木まゆみ（あおき・まゆみ）／72

　田口信教（たぐち・のぶたか）／73

　大古誠司（おおこ・せいじ）／74

　第 20 回 メダリスト一覧 ……………… 76

第 21 回 モントリオール大会 1976 年 ……… 77

　塚原光男（つかはら・みつお）／78

　上村春樹（うえむら・はるき）／79

　高田裕司（たかだ・ゆうじ）／80

　白井貴子（しらい・たかこ）／81

　ナディア・コマネチ／82

　第 21 回 メダリスト一覧 ……………… 83

第 22 回 モスクワ 大会 1980 年 ……………… 85

第 23 回 ロサンゼルス大会 1984 年 ……………… 86

　山下泰裕（やました・やすひろ）／87

2

森末慎二（もりすえ・しんじ）／88

具志堅幸司（ぐしけん・こうじ）／89

蒲池猛夫（かまち・たけお）／90

🕯カール・ルイス　／91

第23回 メダリスト一覧 …………………… 93

第24回 ソウル大会 1988年 ………… 94

鈴木大地（すずき・だいち）／95

長谷川智子（はせがわ・ともこ）／96

斉藤 仁（さいとう・ひとし）／97

田中 京（たなか・みやこ）／98

小谷実可子（こたに・みかこ）／99

🕯フローレンス・ジョイナー　／100

第24回 メダリスト一覧 …………………… 101

第25回 バルセロナ大会 1992年 ……… 102

岩崎恭子（いわさき・きょうこ）／103

吉田秀彦（よしだ・ひでひこ）／104

古賀稔彦（こが・としひこ）／105

奥野史子（おくの・ふみこ）／106

第25回 メダリスト一覧 …………………… 107

第26回 アトランタ大会 1996年 ……… 108

中村兼三（なかむら・けんぞう）／109

恵本裕子（えのもと・ゆうこ）／110

有森裕子（ありもり・ゆうこ）／111

第26回 メダリスト一覧 …………………… 113

第27回 シドニー大会 2000年 ………… 114

高橋尚子（たかはし・なおこ）／115

田村亮子（たむら・りょうこ）／116

井上康生（いのうえ・こうせい）／117

武田美保（たけだ・みほ）／118

立花美哉（たちばな・みや）／119

第27回 メダリスト一覧 …………………… 121

第28回 アテネ大会 2004年 …………… 122

野村忠宏（のむら・ただひろ）／123

室伏広治（むろふし・こうじ）／124

冨田洋之（とみた・ひろゆき）／125

柴田亜衣（しばた・あい）／126

野口みずき（のぐち・みずき）／127

第28回 メダリスト一覧 …………………… 129

第29回 北京大会 2008年 …………… 130

北島康介（きたじま・こうすけ）／131

石井慧（いしい・さとし）／132

谷本歩実（たにもと・あゆみ）／133

上野由岐子（うえの・ゆきこ）／134

中村礼子（なかむら・れいこ）／135

太田雄貴（おおた・ゆうき）／136

浜口京子（はまぐち・きょうこ）／137

🕯マイケル・フェルプス　／138

第29回 メダリスト一覧 …………………… 139

第30回 ロンドン大会 2012年 ………… 140

吉田沙織（よしだ・さおり）／141

松本薫（まつもと・かおる）／142

村田諒太（むらた・りょうた）／143

福原 愛（ふくはら・あい）／144

石川佳純（いしかわ・かすみ）／145

澤 穂希（さわ・ほまれ）／146

第30回 メダリスト一覧 …………………… 148

第31回 リオデジャネイロ大会 2016年 …… 150

萩野公介（はぎの・こうすけ）／151

伊調 馨（いちょう・かおり）／152

登坂絵莉（とうさか・えり）／153

内村航平（うちむら・こうへい）／154

白井健三（しらい・けんぞう）／155

高橋礼華・松友美佐紀
（たかはし・あやか）（まつとも・みさき）／156

三宅宏実（みやけ・ひろみ）／157

錦織 圭（にしこり・けい）／158

🕯ウサイン・ボルト　／159

第31回 メダリスト一覧 …………………… 160

3

冬季オリンピック

第 1 回 シャモニー・モンブラン大会 1924 年 162

第 2 回 サンモリッツ大会 1928 年 …………163

第 3 回 レークプラシッド大会 1932 年 ……164

第 4 回 ガルミッシュ・
　　　　パルテンキルヘン大会 1936 年…………165

第 5 回 サンモリッツ大会 1948 年 ……………166

第 6 回 オスロ大会 1952 年 ………………167

第 7 回 コルチナ・ダンペッツオ大会 1956 年
　　　　………………………………168

　　　猪谷千春（いがや・ちはる）/169
　　　🔥トニー・ザイラー /170

第 8 回 スコーバレー大会 1960 年 …………171

第 9 回 インスブルック大会 1964 年 …………172

第 10 回 グルノーブル大会 1968 年 …………173

第 11 回 札幌大会 1972 年……………………174

　　　笠谷幸生（かさや・ゆきお）/175
　　　🔥ジャネット・リン /176

第 12 回 インスブルック大会 1976 年 ………178

第 13 回 レークプラシッド大会 1980 年 ……179

第 14 回 サラエボ大会 1984 年………………180

　　　北沢欣浩（きたざわ・よしひろ）/181

第 15 回 カルガリー大会 1988 年 ……………182

　　　黒岩彰（くろいわ・あきら）/183
　　　🔥カタリナ・ビット /184

第 16 回 アルベールビル大会 1992 年 ………185

　　　荻原健司（おぎわら・けんじ）/186
　　　伊藤みどり（いとう・みどり）/187
　　　橋本聖子（はしもと・せいこ）/188

　　第 16 回 メダリスト一覧………………189

第 17 回 リレハンメル大会 1994 年 …………190

　　　山本宏美（やまもと・ひろみ）/191

　　第 17 回 メダリスト一覧………………192

第 18 回 長野大会 1998 年………………………194

　　　清水宏保（しみず・ひろやす）/195
　　　里谷多英（さとや・たえ）/196
　　　岡崎朋美（おかざき・ともみ）/197
　　　原田雅彦（はらだ・まさひこ）/198
　　　船木和喜（ふなき・かずよし）/199
　　　西谷岳文（にしたに・たかふみ）/200

　　第 18 回 メダリスト一覧 ………………201

第 19 回 ソルトレークシティ大会 2002 年………202

第 20 回 トリノ大会 2006 年 ………………203

　　　荒川静香（あらかわ・しずか）/204

第 21 回 バンクーバー大会 2010 年 …………206

　　　浅田真央（あさだ・まお）/207
　　　高橋大輔（たかはし・だいすけ）/208

　　第 21 回 メダリスト一覧………………209

第 22 回 ソチ大会 2014 年 …………………210

　　　平野歩夢（ひらの・あゆむ）/211
　　　葛西紀明（かさい・のりあき）/212

　　第 22 回 メダリスト一覧 ………………213

第 23 回 平昌大会 2018 年………………………214

　　　小平奈緒（こだいら・なお）/215
　　　高木美帆（たかぎ・みほ）/216
　　　高木菜那（たかぎ・なな）/217
　　　羽生結弦（はにゅう・ゆづる）/218
　　　🔥アリーナ・ザギトワ /219

　　第 23 回 メダリスト一覧 ………………220

参考文献 ……………………… 221
あとがき ……………………… 222

大会ごとのメダリスト一覧は【公益財団法人 日本オリンピック委員会】のサイトの
http://www.joc.or.jp/games/olympic/winnerslist.html （2019 年 7 月 24 日現在）
大会別日本代表選手入賞者一覧の表記に基づいています。

夏季オリンピック

1895 年・第 1 回アテネ大会 〜 2016 年・第 31 回リオデジャネイロ大会
忘れられないメダリストたち

第 1 回 1896年 アテネ 夏季大会

開催都市　ギリシャ・アテネ
開催期間　4月6日〜4月15日
参加国・地域数　14
参加選手数　241
種目数　43

参加選手は241人だけ

近代オリンピックの第1回アテネ大会は、参加国14か国、参加選手は241人しかいなかった。ただし、この頃はオリンピックへの参加が国ごとではなく、個人での参加だったため、入場行進もなかった。

今とは違うルール

第1回アテネ大会で実施された競技は陸上・水泳・体操・レスリング・フェンシング・射撃・自転車・テニス・ウエイトリフティングの9競技、43種目。陸上のトラック競技は今の左回りではなく右回りで行われた（写真）。水泳は競泳のみで、海上で行われた。ウエイトリフティングは、当時は体操競技の一部とされていたが、近年、実施競技と認められた。片手挙げもあった。また、体操競技は野外で行われていて綱上りがあった。

選手はすべて男性

古代オリンピック（オリンピア祭典競技）は女人禁制で、観客も参加選手も男性だけだったこともあり、第1回のアテネ大会では、選手はすべて男性だけで行うことになった。

金メダルはなかった

第1回のアテネ大会では、金メダルは存在しなかった。優勝者は銀メダルで、2位の選手は銅メダル。3位の選手は賞状でメダルはもらえなかった。金・銀・銅のメダルが正式に実施されたのは第3回のセントルイス大会から。
ちなみに、金メダルの中身は銀メダルで、金メッキをほどこしている。

アテネで活躍したアスリートたち

 三段跳び

ジェームズ・コノリー
（アメリカ）

近代オリンピック優勝の第一号選手

　近代オリンピックで最初の優勝者になったのは、三段跳び決勝で13m71を記録したジェームズ・コノリー選手。この他、走高跳びでは2位、走幅跳びでは3位となった。彼はアテネ大会に出場するため、通っていた大学に休暇届を提出したが認められず、退学して参加。アテネまで船で16日以上かけてつかんだ栄冠であった。

 マラソン

スピリドン・ルイス
（ギリシャ）

世界初のマラソンはギリシャ勢が上位を独占！

　古代ギリシャの故事にちなんでマラソンからアテネのオリンピック競技場まで約40kmで行われた世界初のマラソン。優勝はギリシャの羊飼いスピリドン・ルイス選手で2時間58分50秒。2位、3位もギリシャ勢で上位を独占した。優勝したルイスは競技経験がなかったものの、足が速かったため人に勧められて出場したという。

優勝して結婚!!

マラソンで優勝したスピリドン・ルイス選手は身分が低かったため、当時裕福な娘と恋仲にあったが、娘方の親族の反対にあっていた。マラソンで優勝したら結婚が許されると信じ、トレーニングに励み、優勝後に結婚した。2004年のアテネ大会の聖火ランナーにルイスのひ孫が選ばれている。

第 2 回 1900年 パリ 夏季大会

開催都市　フランス・パリ
開催期間　5月20日〜10月28日
参加国・地域数　24
参加選手数　997
種目数　95

万国博覧会のアトラクションのようなオリンピック?!

近代オリンピックの提唱者であるクーベルタン男爵の祖国で開催されたパリ大会は、準備段階で資金難などの問題が発生。中止の危機に陥ったのだが、フランス政府の要望により万国博覧会に付属する国際競技大会として組み込まれた。そのため会期は5月20日から10月28日までの長期間にわたるオリンピックとなった。

四角いメダル

この大会だけ唯一、メダルが四角く、「オリンピック」の文字が入っていない。それは、このオリンピックが、パリ万国博覧会の付属大会として行われていたからで、四角いメダルも万国博覧会で使われていたものを転用していたためという。さらに、製作が間にあわず、2年後にようやく贈られた選手もいた。

この大会から女性も参加

「女性の役割は勝者に冠を授けることであるべき」とのクーベルタン男爵の意向もあり、第1回大会では女性のオリンピック参加は認められなかったが、この大会から女子選手も参加できた。参加競技はテニスとゴルフの2つのみで、22名が出場した。

史上最年少のメダリスト

ボートの男子カジ付きペアは、地元のフランスを破ってオランダが優勝したが、このとき舵手（コックス）として採用されたのがフランス人の少年で、レース終了後に早々といなくなってしまったという。記録に氏名はなく「7〜10歳のフランス少年」と記されている。当時は運営がきちんと進められていなかったため、オリンピック委員会を通すことなくエントリーができた。

パリで活躍したアスリートたち

 テニス女子シングルス

シャーロッテ・クーパー
（イギリス）

女性初のメダリスト

　テニスの女子シングルスで優勝し、女性初のメダリストとなった。クーパーは、それまでにテニスのウィンブルドン大会で3回優勝を経験していて、このオリンピック後のウィンブルドンでも2回優勝している。テニスで初めてオリンピックに参加した女子選手は、長袖・長スカートという格好で競技した。

 陸上競技

アルビン・クレンツレーン
（アメリカ）

陸上競技で1大会に個人種目で四冠!!

　オリンピックの陸上競技で、1大会に個人種目を4つ優勝した、近代オリンピック史上唯一の選手。60m（7秒0）、110m障害（15秒4）、200m障害（25秒4）、走り幅跳び（7m18）の四冠を達成した。彼は翌年引退し、のちにはペンシルベニア大学のコーチとなった。

パリ大会で実際に行われた競技

魚釣り　公開競技としてセーヌ川で魚釣りが行われた。競技は2日間。釣り上げた魚の重さで順位を決めた。現在でも世界各地で競技会が開催されているが、勝敗がそのときの運などに左右されることや、競技の様子が観客に分かりにくいことから、公式競技とはならなかった。

熱気球　同じように公開競技としてパリ大会で実施されたのが、熱気球。飛行距離や飛行時間、着陸の正確さなどが競われた。燃料を使って行う競技が取りやめられたため、これ以降、オリンピック競技としては行われてない。

第3回 1904年 セントルイス 夏季大会

開催都市　アメリカ・セントルイス
開催期間　7月1日〜11月23日
参加国・地域数　13
参加選手数　681
種目数　87

金メダルの授与を開始

この大会から各種目の1位の選手には金メダル、2位に銀メダル、3位に銅メダルが授与されることになった。また、それまでメダルを選手に直接手渡ししていたが、首から下げるためメダルにリボンを通す輪っかが出現。

参加国、参加選手が激減した大会

アメリカで開かれた初のセントルイス大会は、パリ大会と同じく万国博覧会と同時開催となった。当時は飛行機がなかったため、ヨーロッパからは船を使わなければ参加できなかった。個人参加だったので遠征費も個人負担なため、イギリスやフランスの選手は参加せず、出場選手数が激減した。参加選手の4分の3はアメリカだった。

ボクシングは全員アメリカ人

この大会で初めて行われたボクシング競技は、全7階級に出場した選手全員がアメリカ人だった。そのためメダルは全部アメリカ人選手のものになった。オリバー・カーク選手はバンタム級とフェザー級両方に出場して優勝。オリンピックのボクシング競技史上唯一の複数の金メダリストとなった。

クーベルタン男爵が欠席

前大会と同じく万国博覧会の付属国際競技大会として開催されたセントルイス大会。この状況を不服としたIOC会長のクーベルタン男爵は招待を辞退。大会への出席を見合わせた。

セントルイスで活躍したアスリートたち

　マラソン

トーマス・ヒックス
（アメリカ）

マラソン競技の本当の優勝者

　キセル事件が発覚したマラソンで本当に優勝したのはアメリカのトーマス・ヒックス。ヒックスがゴールしたのはキセルでゴールしたローツのおよそ1時間後。彼もレース中に猛暑で倒れかけ、今では禁止薬物とされている薬を2度に渡り注射し、ブランデーを飲んで走った。ゴール直後に倒れて半死半生状態になり、翌日にマラソン引退を発表した。

　陸上短距離走

アーチー・ハーン
（アメリカ）

陸上短距離3種目で金メダル

　前年に行われたアメリカ・カナダ選手権の短距離種目のチャンピオンだったため、このオリンピックでも優勝候補として注目されていたアメリカのアーチー・ハーン選手。短距離3種目（60m、100m、200m）で圧倒的な強さを見せて金メダルを獲得した。
　ちなみに、この大会の200mは直線コースで行われたという。

キセル・マラソン事件

猛暑のもとで行われたマラソンは出場選手の半数以上が棄権する過酷なレースとなった。アメリカのフレッド・ローツが世界記録を30分も縮める驚異的なタイムでゴール。しかし、ローツは途中でへばっているところを通りがかりの車に乗せてもらい、残り8kmあたりで車がエンスト。体調が回復したローツは車を飛び降り1位でゴールした。大歓声の中、祝福を受けているところに運転手が駆けつけキセルを暴露。ローツのキセルが発覚し、永久追放になった。その後、処分が緩和され、翌年のボストン・マラソンでローツは初優勝した。

第4回 1908年 ロンドン 夏季大会

開催都市　イギリス・ロンドン
開催期間　4月27日～10月31日
参加国・地域数　22
参加選手数　1999
種目数　110

ローマが返上したため、ロンドン大会に

第4回オリンピック大会は当初、ローマ（イタリア）で開催予定だったが、会場や経費の面で実施が困難になり、ローマはオリンピック開催の返上を申し出た。1908年はロンドンで英仏博覧会が開かれる予定であったことから、この博覧会にあわせてロンドンで行われることになった。ただ万博に付属する大会ではなく、独立して開催されている。

国別の参加形式に変わる！

これまでは個人個人がチームで申し込んでの参加だったが、この大会から各国のオリンピック委員会を通じて参加する形式を採用、国別となった。そのため開会式の入場行進が可能となり、ABC順の国別にして、国名を記したプラカードと国旗を掲げて行進する形になった。

最初のオリンピックのフィギュアスケートは夏季大会

初めてオリンピックでフィギュアスケートが行われたのは、このロンドン大会だった。万国博覧会の開催期間にあわせてオリンピックが行われていたため、4月から10月の長期間だったことや、スケート場がロンドン市内に建設されていたこともあり、実施しやすかった。フィギュアスケートの競技が行われたのは大会終盤の10月だった。

水泳競技がプールで行われる

第1回大会から第3回大会までの水泳競技は海や川で行われていた。このロンドン大会では初めて競泳でプールが使用された。陸上競技場内に全長100mものプールを設営して行われた。
さらに、50mのプールにコースロープを張ったのは1924年に行われたパリ大会から。

ロンドンで活躍したアスリートたち

マラソン

ドランド・ピエトリ
（イタリア）

ドランドの悲劇

　それまでのマラソンは、約40kmとされていたが、この大会では初めて42.195kmで行われた。当日の気候条件は高温多湿で、棄権する選手が続出。イタリアのドランド・ピエトリがトップで競技場に戻ってきたが、トラックを半周する間に何度も転倒、見るに見かねた競技委員たちが手を貸し、抱きかかえるようにゴールしたが、ルール違反を問われて失格になってしまった。

 陸上競技

レイ・ユーリー
（アメリカ）

跳躍王、レイ・ユーリー

　レイ・ユーリーは第2回パリ大会と第3回セントルイス大会において立ち幅跳び、立ち高跳び、立ち三段跳びで三冠を達成。中間大会（1906年・アテネ大会）で立ち幅跳び、立ち高跳びの二冠に輝いており、この大会は立ち幅跳び、立ち高跳びの2種目を制し、通算10回の優勝を記録している。
　ちなみに立ち幅跳びや立ち高跳びは、助走をつけず屈伸から跳躍する競技。

「参加することに意義がある」

　陸上競技の400mなどで、アメリカとイギリスの間にいくつかトラブルが起こり、両国民の感情が収拾つかないほど悪化していた。これを収めるためにアメリカのタルボット主教は各国代表選手団を前に「オリンピックで重要なことは、勝利することより、むしろ参加することだろう」と説教し、両国の選手をさとした。その後、クーベルタンIOC会長がこの言葉を引用して演説し、後世にまで語り継がれることになった。

13

第5回 ストックホルム 夏季大会
1912年

開催都市　スウェーデン・ストックホルム
開催期間　5月5日〜7月27日
参加国・地域数　28
参加選手数　2490
種目数　108

日本がオリンピック初参加

この大会から日本選手がはじめてオリンピックに参加した。団長は当時、東京高等師範学校（現・筑波大学）の校長だった嘉納治五郎、選手は陸上選手の2人だけだった。開会式の入場行進では日の丸の旗を短距離の三島弥彦が持ち、プラカードをマラソンの金栗四三が持った。

当時の日本はオリンピックに対する関心があまりなく、参加費は選手の自己負担だった。

プラカードの表記

プラカードの表記について、金栗四三は「日本」を主張、大森兵蔵監督は外国人にも分かるように「ＪＡＰＡＮ」を主張。結局、嘉納治五郎団長がローマ字で「ＮＩＰＰＯＮ」の妥協案を出し、これに決定した。「ＮＩＰＰＯＮ」のプラカードが使われたのはこの一回きりで、以降は「ＪＡＰＡＮ」で入場している。

日本人初参加の一人は東大生

短距離の三島弥彦は帝国大学（現・東京大学）の学生で、陸上競技の100m、200m、400mに出場。100m、200mは予選で最下位敗退、400mでは準決勝までいったが右足の痛みがひどく棄権した。

近代オリンピック選手で初めての死者

この大会のマラソンでは気温が40度という記録的な暑さで行われ、選手のほぼ半数が途中棄権するという事態に。そんな中、ポルトガルのフランシスコ・ラザロ選手がゴールまで残り8kmという地点で意識を失い病院に搬送されたが、脱水症状により、翌朝に死去。近代オリンピック選手で亡くなったのはマラソンが初めてである。

マラソンの普及につとめた「日本マラソンの父」

金栗四三
かなくりしそう

1912年
第5回ストックホルム大会

プロフィール
生年月日：1891年8月20日
（1983年11月13日没）
出身：熊本県
種目：マラソン

エピソード
後援会

当時、オリンピックの参加は選手の自己負担だったため、経済的に余裕がなかった金栗は、一度は辞退を申し出ていた。これを知った嘉納治五郎は、マラソンの選考会で当時の世界記録を上回った金栗にはメダルが期待できるため、後援会を結成して募金をよびかけオリンピックに出場することができた。

ストックホルムで活躍したアスリートたち

 陸上競技

ジム・ソープ
（アメリカ）

初めて金メダルを剥奪された ジム・ソープ事件

　3日間にわたって実施された十種目競技（100m・走り幅跳び・ほう丸投げ・400m・走り高跳び・400m障害・110m障害・円盤投げ・棒高跳び・やり投げ・1500m）。アメリカのジム・ソープが2位以下を700点以上も引き離し、合計8,412.955点という驚異的な記録で優勝した。さらに五種競技も制して混成競技の2冠を達成。タフト米大統領は「アメリカ市民最高の代表」と賞賛、スウェーデン国王のグスタフ5世も「世界における最も偉大なるアスリート」と絶賛した。大会終了後、ソープがかつてプロ野球のマイナーリーグに出場していたことが判明し、1913年に発効されたアマチュア規定に反するとして、オリンピック史上初めて金メダルを剥奪された。

 自由形100m

デューク・カハナモク
（アメリカ）

世界最強の自由形選手

　競泳男子100m自由形決勝、カハナモクはそれまでの平泳ぎや背泳ぎとは異なるクロールという新泳法でオリンピック記録を2秒以上も上回る1分3秒4のタイムで優勝。この大会をふくむ3大会で3つの金メダルと銀メダル2つを獲得した。

　サーファーとしてもすぐれ、「サーフィンの父」と呼ばれ、ハワイ・ワイキキビーチには像が立っている。

2人のアメリカ人メダリスト

ジム・ソープはアメリカン・インディアン出身、デューク・パオア・カハナモクはハワイ出身であることから、当時のアメリカ国内では人種的な偏見をもたれていたとも言われている。

マラソン中に消えた日本人選手

ストックホルム大会のマラソン競技に、日本からは地下足袋をはいたランナー、金栗1人が参加した。

この大会では気温が40度にまで上がる過酷なレースとなり、ゴールにたどりついたのは参加した選手は、参加68人のうち半数の34人だけだった。

金栗も熱射病になり、途中で意識を失って倒れてしまい、近くの農民に救助され目をさましたのは翌日の朝だった。現地では「消えた日本人」として時の人となった。

それから55年後の1967年、ストックホルム市はオリンピックの開催55周年記念祭を開き、「消えた日本人」金栗四三を招待した。当時75歳の金栗は、ゴール手前からゆっくりと走ってテープを切った。場内放送では「これをもって第5回ストックホルムオリンピック大会の全種目を終了いたします」とアナウンスが競技場に流れ、観客から大きな拍手がわきおこった。

金栗は会見で「長い道中でした。途中で孫が5人もできました」と語った。

54年8か月6日5時間32分20秒3。

世界で最も遅いオリンピックマラソンの記録を作った日本人といわれている。

ストックホルム近郊にある金栗の記念銘板

不戦勝で金メダル

当時、レスリングには制限時間がなかった（この大会はグレコローマン*のみ）。ミドル級の準決勝はロシアのマーティン・クラインとフィンランドのアルフレッド・アシカイネンが10時間（11時間という説も）の死闘を繰り広げ、クラインが勝利。しかし、決勝のマットに上がる体力、気力を失い、スウェーデンのクラエス・ヨハンソンが不戦勝で金メダルをとった。

＊グレコローマンスタイルとは、レスリングの戦い方で、腰から下を攻めることが禁じられ、上半身だけで戦うスタイル。腰から下を攻めてよいのがフリースタイル。

第7回 1920年 アントワープ 夏季大会

開催都市　ベルギー・アントワープ
開催期間　4月20日～9月12日
参加国・地域数　29
参加選手数　2668
種目数　161

8年ぶりの開催

1916年に行われる予定だった第6回ベルリン大会が、第一次世界大戦の勃発で中止となり、第7回の大会は8年ぶりの開催となった。この大会は平和の祭典としてのオリンピックをうたい、ベルギーのアントワープで開かれることで、戦争により多大な被害を受けたベルギー国民に平和を贈るという意味が込められていた。戦争の敗戦国、ドイツ、オーストリア、ハンガリー、ブルガリア、トルコは参加禁止になった。

選手宣誓

この大会から選手宣誓が始まった。第1号は地元ベルギーのフェンシング代表、ビクトル・ボワン選手がフェンシングのユニフォーム姿で務めた。この大会でフェンシング団体銀メダルの中心選手として活躍した。もともとボワン選手はロンドン大会、ストックホルム大会では、フェンシングとはまったく違う水球で、それぞれ銀、銅メダルを獲得していた。

五輪旗

この大会からオリンピックの新たなシンボル「五輪旗」が初掲揚された。クーベルタン男爵が考案したもので、旗には5つの大陸を表す5色の輪が描かれている。

ノーベル賞を受賞したメダリスト?!

イギリスの陸上選手、フィリップ・ノエル＝ベーカーはこの大会で1500m走に出場し、銀メダルを獲得。引退後、国際連合の設立にかかわるなど平和運動に取り組み、1959年にノーベル平和賞を受賞した。オリンピックメダリストでノーベル賞を受賞しているのはフィリップただ一人である。

日本人初のオリンピック・メダリスト

熊谷一弥（くまがいいちや）

1920年 第7回アントワープ大会

プロフィール
生年月日：1890年9月10日
（1968年8月16日没）
出身：福岡県
種目：テニス

日本人選手最初のメダルは銀

テニスの熊谷一弥は男子シングルスで銀、男子ダブルスでも柏尾誠一郎と組んで銀メダルを獲得。

シングルスでは5試合連続ストレート勝ちで決勝を迎えたが、惜しくも金メダル獲得とはならなかった。

慶応大学テニス部時代から海外遠征には慣れていたものの、決勝前夜は興奮して朝6時まで寝付けなかったという。また、決勝当日は小雨の影響でコートが滑り、眼鏡が曇ったことも影響した。

アントワープで活躍したアスリートたち

銀 射撃団体

オスカー・スパーン
（スウェーデン）

史上最年長メダリスト

　スウェーデン射撃チームの一員として出場したオスカー・スパーンは大会当日の年齢が72歳と280日だった。チームは見事に団体銀メダルを獲得。スパーンはオリンピック史上最高齢のメダリストになった。ちなみに最年長金メダリストも第5回ストックホルム大会の同じ種目で出場したスパーンで、64歳258日だった。

金 女子テニス

スザンヌ・ランラン
（フランス）

空飛ぶプリマドンナ

　前年1919年のウィンブルドンで初優勝を遂げたフランスの女子テニス選手スザンヌ・ランランは、この大会でシングルスとダブルス混合の両種目で金メダルを獲得した。女子ダブルスでは銅メダルをとった。コートを飛ぶように駆け回るプレースタイルから「空飛ぶプリマドンナ・ランラン」と呼ばれ人気を集めた。

オリンピックにあった変わった競技

綱引き　第2回のパリ大会から第7回のアントワープ大会まで団体競技として実施されていた。綱引きは競技としてのルールが分かりやすく、短い時間で勝敗が決まり、体が大きいチームが必ず勝つとは限らないので見応えがあった。日本では今でも、国体（国民体育大会）の公開競技として行われている。

馬幅跳びと馬の曲乗り　馬を使う競技としては乗馬が今でも行われているが、第2回のパリ大会では、馬がその脚力を競う馬幅跳びが公式競技として行われた。また、第7回のアントワープ大会では、早足で歩く馬の上で演技を行い、その点数で勝敗を競う馬の曲乗りが行われた。

第 8 回 1924年 パリ 夏季大会

開催都市　フランス・パリ
開催期間　5月5日～7月27日
参加国・地域数　44
参加選手数　3070
種目数　140

42.195km

この大会からマラソンが正式に42.195kmで行われるようになった。国際陸連が大会ごとの距離が違うのはどうもよくないと結論づけたことから、「陸上競技の母国」といわれるイギリスに敬意を表し、第4回ロンドン大会で行われたときと同じ42.195kmが採用された。

第1回アテネ大会　　　36.75km
第2回パリ大会　　　　40.26km
第3回セントルイス大会
　　　　　　　　　　39.9km
第4回ロンドン大会　42.195km
第5回ストックホルム大会
　　　　　　　　　　40.2km
第7回アントワープ大会
　　　　　　　　　　42.75km

マイクロホン

この大会からマイクロホンが使われるようになった。それまでの大会は競技運営の連絡などには大きなメガホンが使われていたが、観衆の大歓声で声がかき消されてしまい、選手や役員に連絡や指示が行き届かないのが問題になっていた。

選手村

選手村が設置されたのも、この大会から。バラック建てのコテージが50戸特設された。現在の形に近い選手村が出来たのは第10回ロサンゼルス大会だったといわれている。

パリ大会の
選手村の様子

日本人選手初のオリンピック銅メダリスト
内藤克俊（ないとうかつとし）

1924年
第8回パリ大会

プロフィール
生年月日：1895年2月25日
（1969年9月27日没）
出身：広島県
種目：レスリング

エピソード
怪我を乗り越えて銅メダル獲得

大会前、内藤は船内での練習中、左手の人差し指に怪我を負ったが、「日本のレスリング選手は自分しか来ていない」と奮い立たせ、61キロ級フリースタイルでは3位決定戦を勝ち抜き、銅メダルを獲得した。

パリで活躍したアスリート

陸上競技

パーヴォ・ヌルミ（フィンランド）

鉄人・パーヴォ・ヌルミ

　アントワープ大会では3冠を獲得し、この大会では前回大会を上回る長距離5種目で金メダルに輝いた。

　1500mでは2位以下を10mも離し、3分53秒6の五輪新記録で優勝。そのわずか40分後には5000mにエントリーして、14分31秒2の五輪新記録で優勝し、1日に2個の金メダルも獲得した。

フィンランドの英雄？

　パーヴォ・ヌルミ選手が出場した、10000mクロスカントリーは、気温36℃の酷暑の中で行われた。ゴール手前でバタバタと選手が倒れる中、2位に500mの差をつけて優勝している。

　パリ大会の次のアムステルダム大会でも10000mで金メダルを獲得し、生涯でとった金メダルは通算9個になった。

　こうしてフィンランドの英雄となったヌルミだが、当時、薬物を使用していたことをみずから告白している。しかし、彼が薬物を使用していた頃はドーピングの規制がなかったため、記録はそのまま残っている。

外交官になったオリンピアン

　第8回のパリ大会の陸上競技に出場した岡崎勝男選手は、当時、外務省の職員としてフランスに派遣されていた。大会では長距離の5000mと10000mに出場したがどちらの種目も棄権となった。その後、日本が戦争に向かう時代には外交官となり、1945年に終戦をむかえた時には、米戦艦ミズーリ号での、降伏文書調印式にも出席した。

2列目の左から2番目が岡崎勝男さん

第9回 1928年 アムステルダム 夏季大会

開催都市	オランダ・アムステルダム
開催期間	5月17日〜8月12日
参加国・地域数	46
参加選手数	2694
種目数	119

聖火が使用される

この大会から聖火が正式に導入された。マラソン塔が設けられ、塔の上には古代オリンピックの儀式にならって、オリンピック開催期間中は聖火が灯された。

入場行進の順番

この大会から入場行進の順番が決まった。まずオリンピック発祥の地、ギリシャが先頭入場。そして各国がアルファベット順に入場するようになった。開催国が最後に入場する。

君が代

この大会で日本人初の金メダルに輝いた織田幹雄。表彰式で大きな日章旗を見上げて感激していたが、聞こえてきた「君が代」の演奏は途中の「千代に八千代に〜」からだった。

コカ・コーラ

この大会からコカ・コーラが史上初の大会スポンサーになった。また、コカ・コーラがオリンピック関係者に支給された。

金 水泳

ジョニー・ワイズミュラー
(アメリカ)

映画俳優になったメダリスト

　第8回パリ大会で100mと400mの自由形、800mリレーの3種目で金メダル。この大会では100m自由形、800mリレーの2種目で金メダルに輝き、2大会で合計5個の金メダルを獲得する偉業を遂げた。

　引退後、映画俳優で活躍。6代目ターザンとしてデビューし人気を集めた。

日本人選手初のオリンピック金メダリスト

織田幹雄(おだみきお)

1928年
第9回アムステルダム大会

プロフィール
生年月日：1905年3月30日
（1998年12月2日没）
出身：広島県
種目：陸上

エピソード
「三段跳び」の命名者

「ホップ・ステップ アンド ジャンプ」という長い競技名を「三段跳び」と命名した人物としても知られている。
早稲田大学の学生選手で活躍していた当時、それまで「ホスジャンプ」という縮め方をされることもあり、織田は学生大会のプログラムを作るときに「三回跳び」か「三段跳び」はどうかと提案し、周囲が「三段跳び」がいいと言って使われ始めた。

25

金 鶴田義行(つるたよしゆき)

世界記録を持つドイツの選手を破って金メダル獲得

1928年
第9回アムステルダム大会

プロフィール
生年月日：1903年10月1日
（1986年7月24日没）
出身：鹿児島県
種目：水泳

エピソード
金メダルを最初に手にした選手

日本人初の金メダリストになったのは陸上三段跳びの織田幹雄だったが、当時のメダル授与は閉会式にまとめて行われていた。織田は国際学生大会に出場するため、閉会式のときはすでにパリに移動していたため、日本人2人目の金メダルを獲得した鶴田が代わりに織田の分も受け取った。日本人最初の金メダルは織田だったが、金メダルを最初に手にしたのは鶴田だった。

日本人女性初のオリンピックメダリスト
人見絹枝（ひとみきぬえ）

1928年 第9回アムステルダム大会

プロフィール
生年月日：1907年1月1日
（1931年8月2日没）
出身：岡山県
種目：陸上

エピソード
急きょ800mへの出場を決めて銀メダリスト

アムステルダム大会に日本からただ1人の女子選手として参加。当時、100mの世界記録保持者だった人見だが、準決勝で4着となり決勝進出を逃してしまう。
くやしがった人見は、一度も走ったことのない800mに急きょ挑戦して予選を通過。決勝で2着となり、日本人女性として初めての銀メダリストになった。

第 10 回 1932年 ロサンゼルス 夏季大会

開催都市　アメリカ・ロサンゼルス
開催期間　7月30日〜8月14日
参加国・地域数　37
参加選手数　1328
種目数　128

写真判定装置

この大会から初めて写真判定装置が導入された。100分の1秒を争うようなきわどいレースでの使用に限られたが、早速、男子100m決勝で使用された。

暁の超特急

陸上100mの吉岡隆徳が東洋人初の100m6位入賞を果たした。準決勝では得意のスタートダッシュを決め、70m地点までトップだったが結果は3位に。しかも前大会優勝のパーシー・ウィリアムズ（カナダ）を抑えた。決勝では30m地点までトップも50mで5選手に追いつかれ10秒8の6位に終わった。この大会の優勝、エディ・トーラン（アメリカ）が、その黒い肌から「深夜の超特急」と呼ばれていたことから、当時の読売新聞記者の川本信正が吉岡のことを「暁の超特急」と命名し、このニックネームがひろまった。

参加した選手全員がメダリスト！

この大会のホッケー競技に参加した国は日本、アメリカ、インドの3か国だけだったため、参加した3か国の選手全員がメダリストになった。金メダルは3戦3勝のインド、日本はインドに敗れたが地元アメリカに勝利して銀メダル、アメリカは3戦全敗で銅メダルだった。

オリンポスの果実

この大会のボート選手として参加した人物に、小説「オリンポスの果実」で知られる田中英光がいる。この大会に出場したときの経験をモチーフにして書いた青春小説。1940年に「文学界」に発表、同年に第7回池谷信三郎賞を受賞。田中英光は太宰治に師事し、太宰の死に衝撃をうけ、太宰の墓前で自殺した。

金 南部忠平
なんぶちゅうへい

三段跳びで日本人選手2大会連続金メダル！

1932年
第10回ロサンゼルス大会

プロフィール
生年月日：1904年5月24日
（1997年7月23日没）
出身：北海道
種目：陸上

エピソード
ライバルで親友

織田幹雄とはライバルであり、親友でもあった。生まれ年は南部のほうが年上であった。しかし早稲田大学に入ったのが織田のほうが先だったため、織田は南部のことを「南部君」と呼び、南部は織田のことを「織田さん」と呼んでいた。三段跳びの金メダルも織田に続いて南部が獲得した。

金 100m背泳ぎで日本人選手が金銀銅メダルを独占

清川正二(きよかわまさじ)

1932年
第10回ロサンゼルス大会

プロフィール
生年月日：1913年2月11日
（1999年4月13日没）
出身：愛知県
種目：水泳

エピソード

プレッシャー

マスコミの取材が激しい今の時代は選手にかなりのプレッシャーがかかるが、当時も似たようなプレッシャーはあり、「お国のために頑張れ」「負けたら帰ってくるな」「死んでも勝て」といった電報が何十通も来たという。

戦後は実業界で活躍

戦後は兼松江商社長として実業界でも活躍。一方、国際オリンピック委員会（IOC）委員として中国の五輪復帰などに尽力した。

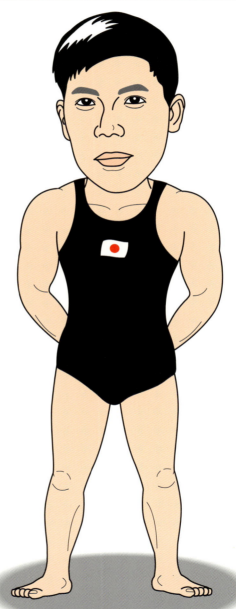

30

金 西 竹一(にし たけいち)

日本で唯一、馬術の金メダリスト

1932年 第10回ロサンゼルス大会

プロフィール
生年月日：1902年7月12日
（1945年3月22日没）
出身：東京
種目：馬術

エピソード
悲劇の戦死

第二次世界大戦末期に硫黄島で戦死。「バロン・ニシ」の名を知る米兵が、竹一の命を惜しんで投降を呼びかけたものの、応じなかったという有名なエピソードがあるが、硫黄島では日米多くの兵隊が死傷する激戦が続いていて、事実かどうかは不明である。竹一の死後、まもなく愛馬ウラヌスも病死したといわれている。

ロサンゼルスで活躍したアスリートたち

陸上競技

ベーブ・ディドリクソン
（アメリカ）

女性スポーツ史上最強選手

やり投げ、80mハードル、走り高跳びの女子陸上3種目に出場。やり投げと80mハードルで金、走り高跳びで銀を獲得。その他でも野球では投手として大リーガーと対戦、バスケットボールでは全米代表に3度選ばれ、ゴルフでは全米女子オープンなどプロ31勝を挙げた。

陸上競技

エディ・トーラン
（アメリカ）

深夜の超特急、五輪新記録で優勝

陸上の男子100m決勝では、ラルフ・メトカーフ（アメリカ）とほとんど同着でゴール。この大会から導入された写真判定により、トーランが10秒3のオリンピック新記録・世界タイ記録で金メダルに輝いた。トーランは200mでもオリンピック新記録で優勝し、2冠を達成した。

バロン・ニシ

馬術で金メダルをとった西竹一は、男爵西徳二郎の三男。軍務で欧米出張中だった竹一は、イタリアで友人から「いい馬が売りに出ている」という情報を得て、その馬（ウラヌス）を自費購入。竹一は愛馬ウラヌスと訓練を積み、ロサンゼルス大会の馬術大障害飛越競技に出場し、金メダルを獲得した。インタビューで竹一が「We won！（我々は勝った）」と自分とウラヌスは一体であると表現した言葉に世界が感動し、竹一の名は一躍知られるようになり、欧米人からは「バロン（男爵）ニシ」と呼ばれた。特にアメリカでは熱烈な支持を受け、ロサンゼルスの名誉市民になるほどの人気者になった。

第9回 アムステルダム夏季大会 1928
・メダリスト一覧・

金	陸上競技	三段跳び	織田 幹雄
	水泳	200m 平泳ぎ	鶴田 義行
銀	陸上競技	女子 800m	人見 絹枝
	水泳	800m リレー	米山 弘、佐田 徳平、新井 信男、高石 勝男
銅	水泳	100m 自由形	高石 勝男

第10回 ロサンゼルス夏季大会 1932
・メダリスト一覧・

金	陸上競技	三段跳び	南部 忠平
	水泳	100m 自由形	宮崎 康二
		1500m 自由形	北村 久寿雄
		100m 背泳ぎ	清川 正二
		200m 平泳ぎ	鶴田 義行
		800m リレー	宮崎 康二、遊佐 正憲、横山 隆志、豊田 久吉
	馬術	大障害	西 竹一
銀	陸上競技	棒高跳び	西田 修平
	水泳	100m 自由形	河石 達吾
		1500m 自由形	牧野 正蔵
		200m 平泳ぎ	小池 禮三
		100m 背泳ぎ	入江 稔夫
		女子 200m 平泳ぎ	前畑 秀子
	ホッケー		浅川 増幸、三浦 四郎、中村 英一、酒井 義雄、永田 寛、今 治彦、左右田 秋雄、浜田 駿吉、柴田 勝巳、小林 定義、猪原 淳三、小西 健一、宇佐美 敏夫
銅	陸上競技	走幅跳び	南部 忠平
		三段跳び	大島 鎌吉
	水泳	400m 自由形	大横田 勉
		100m 背泳ぎ	河津 憲太郎

33

開催都市　ドイツ・ベルリン
開催期間　8月1日～8月16日
参加国・地域数　49
参加選手数　3956
種目数　148

聖火リレーが始まる

この大会から初めて聖火リレーが行われた。聖火リレーを発案したのは、ヒトラー独裁体制のドイツで、ベルリンオリンピック組織委員会事務総長のカール・ディーム。「古代と近代の五輪を火で結ぶ」という理念から発案したという。ギリシャから開催国まで聖火をリレーで運ぶというアイデアはナチス=ドイツによるオリンピック宣伝、国威発揚の効果をねらったものだった。

登録ミスでレース出場できず

自転車競技で、出宮順一ら日本代表選手4人は開会式に参加していたが、役員の登録ミスにより、エントリーされていなかったことが判明し、競技に参加できなかった。

芸術競技初のメダル

芸術競技で初めて日本の2作品が銅メダルに輝いた。選ばれたのは藤田隆治の絵画「アイスホッケー」(写真)と鈴木朱雀のデッサン、水墨画「古典的競馬」。長谷川義起の彫刻「横綱両構」と江文也の音楽「台湾の舞曲」が佳作を受賞した。

友情のメダル

棒高跳びでは珍しいメダルが生まれた。11時間以上続いた競技はアメリカのアール・メドウスが4m35を跳び優勝。ともに4m25を跳んだ西田修平と大江季雄の順位決定戦は2人ともに疲労が激しいため取りやめになった。決定は日本チームに任され、話し合いで年長者の西田を銀、大江を銅とした。帰国後、西田は大江にメダルを半分ずつにしてつなぎ合わせることを提案し、このメダルは「友情のメダル」といわれるようになった。

オリンピック日本女子初の金メダリスト

前畑秀子(まえはたひでこ)

1936年 第11回ベルリン大会

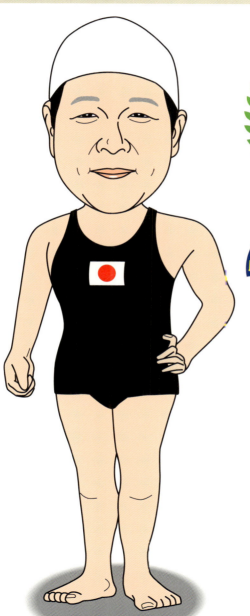

プロフィール
生年月日：1914年5月20日
（1995年2月24日没）
出身：和歌山県
種目：水泳

エピソード プレッシャー

前大会で銀メダルを獲得した前畑。猛練習でこの大会に挑んだが、「金メダル確実」「絶対優勝するだろう」などと周囲から言われてプレッシャーになっていた。「もし、優勝を逃したら帰りの船から飛び込んで死のう。いや、私は泳げるので、海では死ねないのではないか……」などと思うようになる。しかし、結果は2位に1秒差をつけて勝利し、金メダルを獲得した。

35

金 三段跳びで日本人選手オリンピック3大会連続金メダル！

田島直人
（たじまなおと）

1936年
第11回ベルリン大会

プロフィール
生年月日：1912年8月15日
（1990年12月4日没）
出身：山口県
種目：陸上

エピソード
世界新記録で日本V3

アムステルダムの織田幹雄、ロサンゼルスの南部忠平に続きオリンピック三段跳びで日本3連覇を達成した。
世界で初めて16m00の大台に乗せた記録は、以後16年間破られなかった。
また、2位には日本の原田正夫が入り、三段跳びでは日本で初めて金、銀ダブル獲得をなし遂げた。

金 アジア出身で初めてマラソンで金メダルを獲得

孫 基禎
そん ぎ じょん

1936年
第11回ベルリン大会

プロフィール
生年月日：1912年8月29日
（2002年11月15日没）
出身：新義州
（現・朝鮮人民共和国）
種目：マラソン

エピソード
五輪最高記録の金

1912年の第5回ストックホルム大会で金栗四三が初めて参加してから24年、日本初のマラソン金メダリストとなった。タイムはオリンピック新記録となる2時間29分19秒2。また、朝鮮半島出身の南昇竜も3位に入り、この大会のマラソンで日本は金、銅、2個のメダルを獲得した。

ベルリンで活躍したアスリート

陸上競技

ジェシー・オーエンス
（アメリカ）

4冠に輝いた「黒い弾丸」

この大会の主役であり、男子陸上で4冠に輝いた。「黒い弾丸」「黒いかもしか」と呼ばれ、最初に行われた100mで10秒3、田島直人らと優勝争いを演じた走り幅跳びでは8m6、200mは20秒7、男子400mリレーでは第一走者で出場し39秒8と、4つの競技で金メダルに輝いた。

ベルリン大会では当時のドイツの指導者であるヒトラーとナチ党は持論である白人至上主義を証明することを望んでいたが、ベルリンの人々はヒトラーの意に反しオーエンスを英雄として迎えたという。

第11回 ベルリン夏季大会 1936
・メダリスト一覧・

金	陸上競技	三段跳び	田島 直人
		マラソン	孫 基禎
	水泳	1500m 自由形	寺田 登
		200m 平泳ぎ	葉室 鉄夫
		女子 200m 平泳ぎ	前畑 秀子
		800m リレー	遊佐 正憲、杉浦 重雄、田口 正治、新井 茂雄
銀	陸上競技	三段跳び	原田 正夫
		棒高跳び	西田 修平
	水泳	100m 自由形	遊佐 正憲
		400m 自由形	鵜藤 俊平
銅	陸上競技	走幅跳び	田島 直人
		棒高跳び	大江 季雄
		マラソン	南 昇竜
	水泳	100m 自由形	新井 茂雄
		400m 自由形	牧野 正蔵
		1500m 自由形	鵜藤 俊平
		100m 背泳ぎ	清川 正二
		200m 平泳ぎ	小池 禮三
	芸術	絵画	藤田 隆治
		水彩	鈴木 朱雀

朝鮮出身のマラソンランナー

当時、朝鮮は日本の統治下にあったため、孫は日本選手として出場し、金メダルを獲得。これを報道した朝鮮の日刊紙・東亜日報は、孫の胸の部分の日の丸を削除して印刷したことが問題になり、廃刊に追い込まれた。孫は第24回ソウル大会で聖火ランナーを務めた。

1936年7月31日
第12回大会開催地に東京が決定！

開催都市を決定するIOC総会がベルリンで開かれた。開催候補都市は、東京とヘルシンキ（フィランド）の2都市で、午後3時から開催都市を決める会議がホテル・アドロンの「鏡の間」と呼ばれる部屋で、完全非公開で行われた。開催都市は、午後6時45分、東京36票、ヘルシンキ27票の9票差で東京に決まった。

「決まった以上はアメリカやドイツに負けない大きなエポックを作る気持ちで世界に手本を示す覚悟でやらなければならない」

嘉納治五郎のことば

1938年7月15日
東京オリンピック返上！

閣議で東京オリンピックの中止が正式決定。木戸幸一厚生大臣は、戦時体制下である1940年に行われる第12回オリンピック東京大会の開催は不適当として中止を諮問、開催地返上が決定。木戸厚生相はオリンピックと万国博覧会を切り離して考えることはできないとして万国博覧会の延期も決定した。

「国を挙げて戦時体制に備えているとき、オリンピックだけをやることは不可能。誠に仕方ないと思う。」

木戸幸一のことば

第12回ヘルシンキ大会、第13回ロンドン大会の中止

日本で初開催となる予定だった第12回大会は、日中戦争の勃発により1938年、返上され、東京の次点であったヘルシンキ（フィンランド）が代替地に決定。しかし翌1939年、ソ連の侵攻を受け、オリンピック自体が中止になった。1944年に開催予定であった第13回ロンドン大会も、第二次世界大戦の影響で開催中止になった。

開催都市　イギリス・ロンドン
開催期間　7月29日～8月14日
参加国・地域数　59
参加選手数　4064
種目数　136

友情のオリンピック

第二次世界大戦により、2度のオリンピック中止を余儀なくされたが、戦争が終わってすぐの1945年8月下旬、ロンドンでIOC理事会が開かれ、立候補した6都市のなかから1944年に開催予定だったロンドンが選ばれた。12年ぶりに行われたオリンピックは、戦争の復興途上の各国が協力し合って開催されたことから「友情のオリンピック」と呼ばれた。

日本とドイツは招待されなかった

第二次世界大戦の戦争責任により、敗戦国の日本とドイツは参加を許されなかった。イタリアは戦争中に政権交代していたためオリンピックの参加を認められた。

聖火リレーが継続される

ベルリン大会で好評だった聖火リレーは、戦後、存続の是非が問題になったが、この大会でも行われた。1951年のIOC総会で「オリンピック憲章」に正式に加えられた。

100m決勝は写真判定

陸上の男子100m決勝はディラード（アメリカ）とユーエル（アメリカ）がほぼ同時にゴールを切る接戦を演じ写真判定が行われ、ディラードが10秒3の五輪記録で金メダルに。

 陸上競技

フランシナ・ブランカース=クン（オランダ）
「空飛ぶ主婦」　クン夫人が4冠

　100m、80m障害、200m、400mリレーの4種目で金メダルを獲得し、女性初の4冠に輝いた。30歳で2児の母親だった彼女は、「母親が子供を国に置いてまで足を出してプレーする必要があるのか」とバッシングをうけながらも4冠の活躍を見せたことで「オランダの空飛ぶ主婦」と呼ばれ讃えられた。

第15回 1952年 ヘルシンキ 夏季大会

開催都市　フィンランド・ヘルシンキ
開催期間　7月19日〜8月3日
参加国・地域数　69
参加選手数　5429
種目数　149

日本が16年ぶりに参加

1951年のIOC総会で、復帰を認められた日本が16年ぶりに参加。また、ソ連が初参加。大量の選手団を送り込んで、メダル獲得数でアメリカに次ぐ2位に食い込んだ。参加選手数が前回大会より大幅に増加した。

初の北欧での開催

第二次世界大戦前からオリンピックを開催したいと考えていたフィンランド。1947年のIOC総会で開催地に選ばれ、初の北欧での開催となった。

体操ニッポンのはじまり

日本の体操は当初あまり注目されなかったが、上迫忠夫が体操男子徒手で銀メダル、跳馬で銅メダル、竹本正男が跳馬で銀メダル、小野喬が跳馬で銅メダルを獲得して予想以上の活躍を見せた。

金 陸上競技

エミール・ザトペック
（当時：チェコスロバキア）

「人間機関車」！

　前大会のロンドンオリンピックで10000mの金メダルを獲得。この大会では長距離3種目に出場した。まず10000mでは連覇、5000mも快勝、そして一度も走ったことのなかったマラソンでも、2位に2分半も差をつけて優勝し、オリンピック史上初の長距離三冠の快挙を達成した。苦しそうな顔で呼吸をはずませ、激走する姿から「人間機関車」と呼ばれた。

　またこの大会で、夫人のダナ・ザトペコワが、女子やり投げで優勝。夏季オリンピック史上初となる夫婦での金メダル獲得となった。

戦後初＆レスリング初の日本人金メダリスト
石井庄八（いしいしょうはち）

1952年
第8回ヘルシンキ大会

プロフィール
生年月日：1926年9月20日
（1980年1月4日没）
出身：千葉県
種目：レスリング

エピソード
無傷の7連勝で完全優勝

フリースタイルバンタム級に出場し、初戦から6連勝した石井は、決勝戦で優勝候補の本命ラシド・マメデコフ（ソ連）と対戦。積極的に攻撃をしかけた石井が判定勝ちをおさめ、戦前のパリ大会銅メダリストの内藤克俊以来、28年もメダルに届かなかった日本が初めてレスリングで金メダルを獲得した。

古橋を責めないでください

第二次世界大戦前から、33回も水泳の世界記録を更新して金メダルを期待された古橋廣之進だったが、往年の力はなく、400m自由形決勝で無念の8位に終わった。日本に実況放送をしていたアナウンサーは「戦後日本の光明だった古橋選手を、日本のみなさま、どうか責めないでください」と涙ながらにアナウンスした。

幻の金メダリスト

古橋廣之進
（水泳選手）

1928年9月16日～
2009年8月2日

1940年代の日本の競泳陣は日本大学在学中の古橋廣之進、橋爪四郎ら強豪が揃っていて、なかでも古橋は泳ぐたびに世界新記録を更新していた。金メダル確実といわれたが、1948年、戦後初めて行われたロンドン大会は敗戦国の日本は招待されなかった。

そこでやむを得ず、日本水泳連盟はロンドン大会と同じ日に同じプログラムで全日本選手権を神宮プールで実施。大会2日目の1500m自由形で、古橋が18分37秒0、橋爪四郎が18分37秒8で1、2着。この日のロンドン大会での同種目で優勝し金メダルに輝いたジェームス・マクレーン（アメリカ）は19分18秒5。4日目に行われた400mでも古橋は4分33秒4で優勝。ロンドン大会の優勝はウィリアムズ・スミス（アメリカ）の4分41秒0。どちらも古橋のほうが圧倒的に上回っていた。

翌1949年8月、ロサンゼルスで開催された全米屋外選手権に出場した古橋は、400m、800m、1500m自由形と800mリレーの4種目でいずれも世界新記録をマークして優勝した。

第15回　ヘルシンキ夏季大会　1952
・メダリスト一覧・

金	レスリング	フリー・バンタム級	石井 庄八		レスリング	フリー・フライ級	北野 祐秀
銀	水泳	100m 自由形	鈴木 弘		体操	徒手	上迫 忠夫
		1500m 自由形	橋爪 四郎			跳馬	竹本 正男
		800m リレー	鈴木 弘、	銅	体操	跳馬	上迫 忠夫
			浜口 喜博、			跳馬	小野 喬
			後藤 暢、				
			谷川 禎次郎				

第16回 1956年 **メルボルン** 夏季大会

開催都市　オーストラリア・メルボルン
(馬術競技のみ ストックホルム・スウェーデン 6月10日〜17日に開催)
開催期間　11月22日〜12月8日
参加国・地域数　67　（馬術競技　29）
参加選手数　3178（馬術競技　159）
種目数　145　（馬術競技　6）

南半球で行われた五輪

この大会は、初めて南半球で行われた。北半球と季節が逆になるため、開催期間も11月22日から12月8日までの日程となった。しかし、馬術競技のみ北半球で実施され、開会式から5か月前の6月10日から17日にメルボルンからはるか離れたスウェーデン・ストックホルムで行われた。理由は、オーストラリアが国外から馬を持ち込む際の検疫にかかわる法律が厳しかったための処置だった。

初めてボイコットする国が出た大会

イギリスとフランスが関与したスエズ動乱（1956年）に抗議して、エジプト、レバノン、イラクがボイコット。ソ連によるハンガリー侵攻（1956年）に抗議し、スペイン、オランダ、スイスがボイコット。また、中華民国の参加に抗議し、中国がボイコットした。

金メダルを放り投げた選手

ソ連のボート界の大スター、ビャチェスラフ・イワノフ選手は、男子シングル・スカル（1人漕ぎスタイル）で金メダルを獲得し、喜びのあまり金メダルを放り上げた。しかし、真上に投げたつもりの金メダルは放物線を描いて会場の湖へ落ちてしまい、あっという間に沈んでしまった。慌てて飛び込んで探したが、メダルが手元に戻ってくることはなかった。ＩＯＣは後日、新たな金メダルを贈呈した。

閉会式での選手自由行進

この大会から閉会式での選手自由行進が行われた。中国系オーストラリアの17歳の少年ジョン・ウィング君が組織委員長に対し「オリンピックでは戦争、政治、国家をすべて忘れ、閉会式ではひとつの国になるべき」という手紙を送り、その提案が認められての実施だった。

金 必殺技の「またさき」で外国人選手に恐れられた

笹原正三
（ささはらしょうぞう）

1956年
第16回メルボルン大会

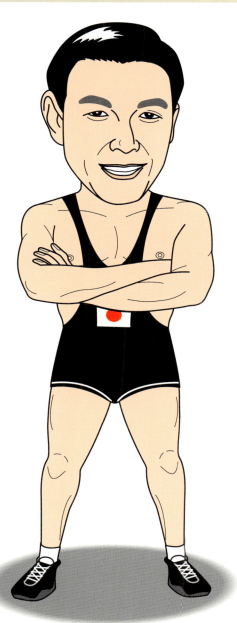

プロフィール
生年月日：1929年7月28日
出身：山形県
種目：レスリング

エピソード

虚弱児童

小さい頃はほかの子たちよりも小さく、学校の朝礼で校長先生の話が長引くと気持ちが悪くなってしゃがみこんでしまうような虚弱児童だったという。

不敗のまま引退

大学4年から200連勝。得意技の「またさき」は「ササハラズ・レッグシザーズ」と呼ばれ、外国人選手たちに恐れられた。不敗のまま引退した。

45

金 40m以上も潜る「潜水泳法」で金メダル

古川 勝（ふるかわ まさる）

1956年
第16回メルボルン大会

プロフィール
生年月日：1936年1月6日
（1993年11月21日没）
出身：和歌山県
種目：水泳

エピソード
潜水泳法

スタートから40m過ぎまで潜ったまま水中を進む泳法が話題になり、米国原子力潜水艦に因んで「人間ノーチラス」と呼ばれた。

男子平泳ぎ200m決勝で2分34秒7のオリンピック新記録で優勝。2位に吉村昌弘が入り、金銀を日本勢が占める活躍を見せた。

オリンピック終了後、国際水泳連盟はルールを改正。スタート直後とゴール前のひとかきを除いて平泳ぎの潜水を禁止した。

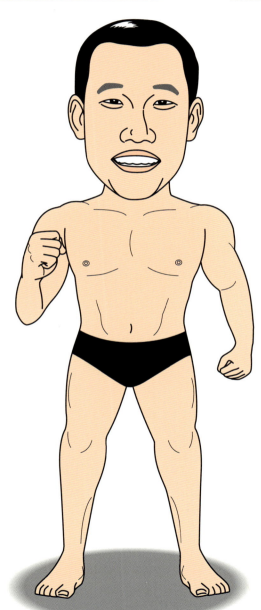

メルボルン、ローマで銀メダル4つを獲得

山中 毅（やまなか つよし）

1956年
第16回メルボルン大会

プロフィール
生年月日：1939年1月18日
（2017年2月10日没）
出身：石川県
種目：水泳

エピソード

中学一年生で大人に競泳で勝利

父は漁師で母は海女。誰に教わるということもなく自然と泳ぐことを覚え、明けても暮れても海につかっていたという。中学一年生のときには、漁師仲間の水泳大会に番外で出て、大人を全員負かして100m競泳で優勝したこともある。
次のローマ大会にも出場し，銀メダルをとった。

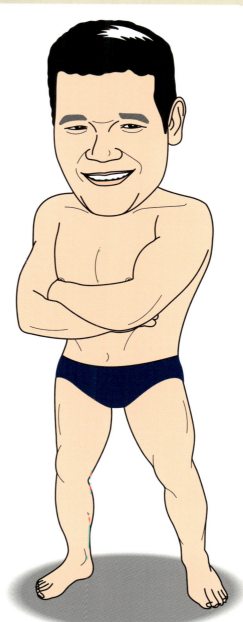

47

メルボルンで活躍したアスリート

金 水泳自由形

マレー・ローズ
（オーストラリア）

山中毅と名勝負を演じた名スイマー

競泳400m 自由形と1500m 自由形で山中毅と激闘を演じて金メダルを獲得。4×200m リレーでも金メダルを獲得し、17歳で金メダル3個の史上最年少記録を達成した。続くローマ大会の400m 自由形でも山中を再び破って連覇を達成した。山中とローズは同年生まれで南カリフォルニア大学の寮友でもあり、とても仲が良かった。

第16回　メルボルン夏季大会　1956
・メダリスト一覧・

金	水泳	200m 平泳ぎ	古川 勝
	レスリング	フリー・フェザー級	笹原 正三
		フリー・ウエルター級	池田 三男
	体操	鉄棒	小野 喬
銀	水泳	400m 自由形	山中 毅
		1500m 自由形	山中 毅
		200m 平泳ぎ	吉村 昌弘
		200m バタフライ	石本 隆
	レスリング	フリー・ライト級	笠原 茂
	体操	個人総合	小野 喬
		平行棒	久保田 正躬
		あん馬	小野 喬
		徒手	相原 信行
		団体総合	小野 喬、竹本 正男、河野 昭、相原 信行、塚脇 伸作、久保田 正躬
銅	体操	鉄棒	竹本 正男
		平行棒	竹本 正男、小野 喬
		つり輪	竹本 正男、久保田 正躬

ライバル、ローズに完敗

水泳の山中毅は、ライバルのマレー・ローズ（オーストラリア）に400m、1500m 自由形で敗れ銀メダル。次のローマ大会でも宿敵ローズの壁を打ち破ることができなかった。世界記録を8度も更新したが、オリンピックでは金メダルに届かなかった。

第17回 1960年 ローマ 夏季大会

開催都市　イタリア・ローマ
開催期間　8月25日～9月11日
参加国・地域数　83
参加選手数　5315
種目数　150

金メダルを投げ捨てた

ボクシングのライトヘビー級で金メダルを獲得したカシアス・クレイ（後のモハメド・アリ）が帰国後、レストランの入店を断られ、黒人差別を理由に拒否されたことへの抗議として金メダルを投げ捨てたといわれている。

ドーピングによる初の死者

この大会の自転車競技でドーピングによる死者が初めて出た。デンマークのヌット・エネマルク・イェンセン選手が転倒し、頭を強く打って死亡した。当初は日射病が原因とみられたが、検査の結果、体内から大量のアンフェタミン（興奮剤・覚醒剤）が検出され、ドーピングによる死亡事故と分かった。

丸坊主

期待された日本レスリングは金メダルゼロに終わり、日本レスリング協会会長の八田一朗は自分も含め、役員、コーチ、選手全員に丸坊主を命じた。さらに下の毛も剃らせたという。その理由は、生えそろうまで3か月ほどかかり、その間、風呂やトイレに入るたびにこの悔しさを思い出し反省するだろうというもの。

屋外最後の体操競技

体操競技は、もともとギリシャの兵士たちが乗馬の準備運動として行っていた跳馬やあん馬が元になっている。そのため屋外で行われるのが慣例だったが、この大会が最後になった。次の東京大会から室内競技になった。

古代オリンピックで体操が行われたカラカラ浴場

金 小野 喬(おの たかし)

金・銀・銅をあわせたメダル獲得数は日本人最多記録の13個

1960年
第17回ローマ大会

プロフィール
生年月日：1931年7月26日
出身：秋田県
種目：体操

エピソード　メダルの合計13個

初めて出場したヘルシンキ大会では銅1つ。前回のメルボルン大会では金1、銀3、銅1。そしてローマ大会では金3、銀1、銅2のメダルを獲得。東京大会では金1を獲得し、日本人最多記録の13個のメダルを記録。鉄棒で日本の体操競技初の金メダルを獲得して「鬼に金棒、小野に鉄棒」といわれた。

銅 前畑以来、2人目の女子競泳メダリスト

田中聡子
(たなかさとこ)

1960年
第17回ローマ大会

プロフィール
生年月日：1942年2月3日
出身：長崎県
種目：水泳

エピソード

体の弱い少女だった

子供の頃は体の弱い少女だったが、水泳は大好きだった。小学校にはプールがなかったが、夏になると近所の用水池で泳ぐのが楽しみだった。父親は体の弱い聡子が水泳をやることを反対していたが、そんなに水泳が好きなら大いにやりなさいと許してくれた。

200メートルが得意

高校2年のとき、200mで世界記録を塗り替え、高3でこの大会に出場も得意の200mがなく、100mに出場し銅メダルを獲得。競泳女子のメダル獲得はベルリン大会の前畑秀子以来の快挙。

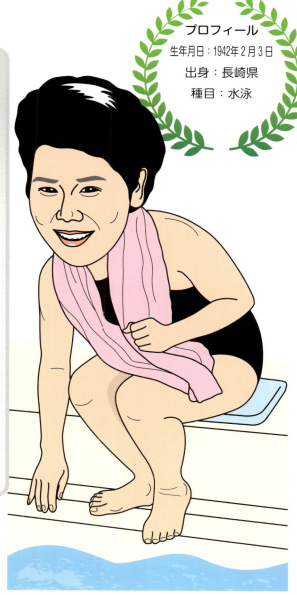

ローマで活躍したアスリート

1960年 第17回 ローマ大会

金 アベベ・ビキラ

生年月日：1932年8月7日〜
　　　　　1973年10月25日
出身：エチオピア
種目：陸上競技（長距離走・
　　　マラソン）

裸足の英雄、アベベ・ビキラ

マラソンで、それまでまったく無名の選手だったエチオピアのアベベ・ビキラが2時間15分16秒2の世界最高記録で優勝した。しかも靴は履いておらず裸足で走ったアベベの出現は、世界中に知られることになった。この時、裸足で走っていたアベベは貧しさゆえに靴を買うお金がなかったというエピソードが伝わったが、実際は10キロ過ぎまでシューズを履いて走っていた。裸足の方が走りやすいと思ったから裸足で走って金メダルを獲得した。ゴール後、アベベは「走れというなら、これからもう一度42キロを走ってもいい」といった。

続く東京大会では白いシューズで走り、2時間12分11秒2の世界新記録でオリンピック史上初のマラソン連覇を達成。東京大会の直前、アベベは盲腸の手術を受けたばかりだったという。

第17回　ローマ夏季大会　1960
・メダリスト一覧・

金 体操　団体総合　竹本 正男、小野 喬、
相原 信行、遠藤 幸雄、
三栗 崇、鶴見 修治

鉄棒　小野 喬

跳馬　小野 喬

徒手　相原 信行

銀 水泳　400m 自由形　山中 毅

200m 平泳ぎ　大崎 剛彦

800m リレー　福井 誠、石井 宏、
山中 毅、藤本 達夫

ウエイトリフティング

バンタム級　三宅 義信

レスリング　フリー・フライ級　松原 正之

体操　個人総合　小野 喬

鉄棒　竹本 正男

銅 水泳　女子100m 背泳ぎ　田中 聡子

400m メドレーリレー　富田 一雄、大崎 剛彦、
開田 幸一、
清水 啓吾

体操　平行棒　小野 喬

あん馬　鶴見 修治

つり輪　小野 喬

ボクシング　フライ級　田辺 清

射撃　フリーピストル　吉川 貴久

悲劇

アベベはメキシコシティーオリンピックの翌年、1969年３月、フォルクスワーゲンを運転中に交通事故にあい脊髄に損傷。これ以降、歩行が困難になり、再びマラソンランナーとして走ることはなかったが、数々の障がい者向けのスポーツ大会に参加した。事故から４年後の1973年10月25日、41歳の若さで死去した。

第18回 1964年 東京 夏季大会

開催都市　日本・東京
開催期間　10月10日〜10月24日
参加国・地域数　93
参加選手数　5152
種目数　163

テレビ五輪

1959年の皇太子ご成婚時に200万件だったテレビの契約数。東京オリンピック直前に1600万件を超え、テレビ普及率は約80％に達し、テレビはお茶の間に定着した。カラー放送も開始されたが、白黒テレビが一般的だった。

最終ランナー

最終聖火ランナーは広島に原爆が投下された1945年8月6日に広島で生まれた早稲田大学の坂井義則が務めた。東京オリンピックのメイン会場の国立競技場でトラックを4分の3周し、聖火台へ通じる長い階段を駆け上って点火。国内外のメディアは当時19歳の坂井を「アトミック・ボーイ（原爆の子）」と呼び、戦後復興と平和の象徴とされた。

女子選手村

ヘルシンキ大会から設置が義務化された選手村。東京大会は代々木の男子選手村の中に女子選手村が造られた。女子選手村の一番人気だったのが連日満員だったヘアサロンで、競技で乱れた髪を整えるために通った選手が多かった。また、着物の着付け、生け花など、競技の合間の時間で日本文化を楽しんだ選手も。競技が終わった男子選手が金網越しに女子選手をナンパする光景が目撃されたり、男子選手が女装して忍び込もうとする事件が発生したという。

開会式と閉会式とでは、違う国名に

この大会で、開会式と閉会式で、違う国名になっていた参加国があった。アフリカからの参加国、「北ローデシア」は10月10日の開会式に同名のプラカードを掲げて入場行進をしたが、10月24日の閉会式ではイギリスから独立し「ザンビア」という名前に生まれ変わっていた。独立を宣言したのは閉会式で、オリンピックを利用して新しい国を世界へアピールした。

金 東京オリンピックの日本の金メダル第一号選手
三宅義信（みやけよしのぶ）

1964年
第18回東京大会

プロフィール
生年月日：1939年11月24日
出身：宮城県
種目：ウエイトリフティング

エピソード
競技日程を変えさせた選手

東京大会が行われる前から金メダル確実といわれていた三宅選手。そこで日本オリンピック委員会は最初に金メダルをとることで、他の日本人選手にはずみがつくと考え、競技日程の最初にウエイトリフティングが来るようにしくんだ。その期待にこたえ、2位に15キログラムの差をつけて金メダルを獲得した。

55

金 日本人初の体操男子個人総合優勝を達成

遠藤幸雄（えんどうゆきお）

1964年
第18回東京大会

プロフィール
生年月日：1937年1月18日
（2009年3月25日没）
出身：秋田県
種目：体操

エピソード
ライバルとの共通点

個人総合でソ連のシャハリンと争い金メダルを獲得。この2人には共通点があった。
シャハリンは孤児であったのに対し、遠藤は施設で育った子であった。遠藤は小学3年のときに母を失い、父は事業で失敗し児童養護施設で中学から高校まで過ごした。

56

金 1ポイントも失わない圧勝で金メダルを獲得

渡辺長武（わたなべおさむ）

1964年
第18回東京大会

プロフィール
生年月日：1940年10月21日
出身：北海道
種目：レスリング

エピソード
アニマル渡辺の異名

1962年の全米選手権に特別参加した渡辺は、6試合すべてフォール勝ち。しかも全試合すべて10分もかからない速攻勝負だった。驚いた米国のマスコミは「あいつは人間じゃない。ワイルド・アニマルだ」と絶賛。それから「アニマル渡辺」と呼ばれるようになった。世界選手権でも優勝し、技の正確さが人間離れしていることから「スイスウォッチ」と呼ばれた。公式戦では189連勝を記録した。

金 河西昌枝（かさいまさえ）

東京オリンピックの優勝に貢献した東洋の魔女の主将

1964年 第18回東京大会

プロフィール
生年月日：1933年7月14日
（2013年10月3日没）
出身：山梨県
種目：バレーボール

◆「東洋の魔女」のメンバー

宮本恵美子	大日本紡績
谷田絹子	大日本紡績
半田百合子	大日本紡績
近藤雅子	倉敷紡績
渋木綾乃	ヤシカ
松村好子	大日本紡績
藤本佑子	大日本紡績
松村勝美	大日本紡績
佐々木節子	大日本紡績
磯部サタ	大日本紡績
篠崎洋子	大日本紡績

＊大日本紡績（現ユニチカ）
＊倉敷紡績（現クラボウ）

エピソード　日本中が釘づけ

女子バレー決勝は日本がソ連を3対0で破り、ベルリン大会の前畑秀子以来の女子の金メダル獲得となった。
この決勝が行われた夜は、日本中の人々がテレビに釘づけになり、道路に人影も車の姿もみられなかったという。

銅 日本陸上界、戦後初のメダリスト
円谷幸吉
つぶらや こうきち

1964年
第18回東京大会

プロフィール
生年月日：1940年5月13日
（1968年1月9日没）
出身：福島県
種目：マラソン

エピソード
陸上選手唯一の日本人メダリスト

エチオピアのアベベが2大会連続で金メダルを獲得したマラソン。日本勢は円谷が2位で国立競技場に入ってきたが、銀メダル目前でイギリスのベイジル・ヒートリーに追い抜かれ3位でゴール。ヒートリーが来ても一度も後ろを振り返らなかったのは伝説になっている。

59

東京で活躍したアスリート

1964年 第18回 東京大会
ベラ・チャスラフスカ

生年月日：1942年5月3日～
　　　　　2016年8月30日
出身：チェコスロバキア
　　　（現チェコ）
種目：女子体操

**「オリンピックの名花」
チャスラフスカ**
東京大会のヒロインとして彼女の演技に日本中が熱狂し「オリンピックの名花」「東京の恋人」と呼ばれた。
前回大会で優勝したラリサ・ラチニナ、ポリーナ・アスタホワのソ連勢たちと熾烈な戦いを繰り広げ、女子個人総合で初優勝。さらに種目別で得意の跳馬と平均台の2種目で優勝し、個人で3個の金メダルと団体総合で銀メダルを獲得した。

東京で活躍したアスリートたち

陸上100m 金

ボブ・ヘイズ
（アメリカ）

褐色の弾丸、ヘイズ

　第二次予選で追い風ながら10秒の壁を破る9秒9の大記録を樹立し、決勝では世界タイ記録の10秒0で金メダルを獲得した。独特な走り方で「褐色の弾丸」と呼ばれた。後にプロ・フットボール選手になった。4×100mリレーにも出場、39秒0の世界新記録（当時）を樹立した。

柔道無差別級 金

アントン・ヘーシンク
（オランダ）

オランダの巨人、ヘーシンク

　日本のお家芸、柔道がオリンピックの正式競技となり、日本選手の全種目金メダルを阻止した。決勝で全日本選手権の覇者、神永昭夫に一本勝ちし、金メダルを獲得。ヘーシンクの勝利は日本柔道界に衝撃を与えたが、柔道が国際スポーツとなるきっかけとなった。

悲劇

東京大会で銅メダルを獲得した円谷は国民の注目の的になった。次のメキシコ大会でも期待をかけられたが、腰痛や度重なる足の故障、国民の期待にこたえなければならないというプレッシャーなどもあり、メキシコ大会の直前に「父上様、母上様、幸吉はもうすっかり疲れ切ってしまって走れません」と遺書を残し、自衛隊体育学校幹部宿舎の自室で、自らカミソリで右頸動脈を切り死去した。

第18回　東京夏季大会　1964
・メダリスト一覧・

金 体操　団体総合　小野 喬 、遠藤 幸雄、鶴見 修治、山下 治広、
　　　　　　　　早田 卓次、三栗 崇
　　　個人総合　遠藤 幸雄
　　　つり輪　早田 卓次
　　　跳馬　山下 治広
　　　平行棒　遠藤 幸雄
　　レスリング フリー・フライ級　吉田 義勝
　　　フリー・バンタム級　上武 洋次郎
　　　フリー・フェザー級　渡辺 長武
　　　グレコ・フライ級　花原 勉
　　　グレコ・バンタム級　市口 政光
　　ボクシング バンタム級　桜井 孝雄
　　ウエイトリフティング　　　フェザー級　　三宅 義信
　　バレーボール女子　　　河西 昌枝、宮本 恵美子、谷田 絹子、半田 百合子、
　　　　　　　　松村 好子、磯部 サダ、松井 勝美、篠崎 洋子、
　　　　　　　　佐々木 節子、藤本 佑子、近藤 雅子、渋木 綾乃
　　柔道　軽量級　中谷 雄英
　　　中量級　岡野 功
　　　重量級　猪熊 功
銀 体操　個人総合　鶴見 修治
　　　床運動　遠藤 幸雄
　　　あん馬　鶴見 修治
　　　平行棒　鶴見 修治
　　柔道　無差別級　神永 昭夫
銅 陸上競技 マラソン　円谷 幸吉
　　水泳　800m リレー　福井 誠、岩崎 邦宏、庄司 敏夫、岡部 幸明
　　体操　女子団体総合　池田 敬子、相原 俊子、小野 清子、中村 多仁子、
　　　　　　　　辻 宏子、千葉 吟子
　　レスリング フリー・ライト級　堀内 岩雄
　　ウエイトリフティング　　　バンタム級　　一ノ関 史郎
　　　ミドル級　大内 仁
　　射撃　フリーピストル　吉川 貴久
　　バレーボール男子　　　出町 豊、小山 勉、菅原 貞敬、池田 尚弘、
　　　　　　　　佐藤 安孝、小瀬戸 俊昭、南 将之、森山 輝久、
　　　　　　　　猫田 勝敏、樋口 時彦、徳富 斌、中村 裕造

東京五輪音頭

東京オリンピックのテーマソング「東京五輪音頭」はオリンピック開催一年前に作られた。作曲を担当したのは日本歌謡曲の父と呼ばれ、国民栄誉賞を受賞した作曲家の古賀政男。作詞は一般に公募され、島根県庁職員の宮田隆さんが応募した歌詞だった。異なる歌手のレコードを各社が競って発売したこの曲は、三橋美智也、坂本九、橋幸夫ら昭和を代表するスターが歌ったが、最も売れたのが三波春夫版のレコードだった。

オリンピックが結んだ恋

当時、巨人の4番打者として活躍していたミスタープロ野球、長嶋茂雄。報知新聞社の「ON 五輪へ行く」という企画で、あちこちの競技場を飛び回っていた。長嶋・王と東京オリンピックのコンパニオンを交えた座談会の顔合わせがあり、ミスターはその中のひとり西村亜希子さんに一目惚れ。その後は電話、デートでアタックし、婚約まで40日間という超スピードで結婚。「オリンピックが結んだ恋」と呼ばれた。

皇居前の五輪旗を持ち帰ろうとしてつかまった金メダリスト

競泳女子100m自由形でメルボルン大会、ローマ大会と連覇したオーストラリアのドーン・フレーザー選手。この東京大会も同種目を優勝し、3連覇を果たした。しかし、フレーザーは東京大会直前、皇居のお濠の脇に立っていたオリンピックの旗がほしくて降ろして持ち帰ろうとしたので警察に逮捕されてしまった。丸の内署に連行されたフレーザーは自身が金メダリストの選手であることを証明し、誓約書を書いたことで起訴は免れた。閉会式後、フレーザーが宿泊しているホテルに丸の内警察署長が現れ、オリンピック旗をプレゼントした。

第19回 1968年
メキシコシティー
夏季大会

開催都市　メキシコ・メキシコシティー
開催期間　10月12日～10月27日
参加国・地域数　113
参加選手数　5498
種　目　数　112

ブラックパワー・サリュート

陸上競技男子200mの表彰式上で、アメリカの黒人選手、トミー・スミス（金メダル）とジョン・カーロス（銅メダル）が、黒手袋をつけて拳を高く掲げ黒人差別に抗議する示威行為（ブラックパワー・サリュート）を行った。IOCは、2人の示威行為はオリンピック精神の基本原理に対する暴力的な違反だとして、両者に永久追放処分にした。

女性初の最終聖火ランナー

この大会で、オリンピック史上初めて最終聖火ランナーに女性が起用された。エンリケッタ・バリシオ・ソテロという20歳の大学生で、80m障害にも出場した。

兄弟で表彰台

ウエイトリフティングの三宅義信が2大会連続で優勝。前々大会の銀メダル獲得から3大会連続メダル獲得。弟の三宅義行も銅メダルを獲得し、兄弟で表彰台にたった。

マラソンで膝を脱臼しながら最下位で完走

マラソンで、膝を脱臼しながら最下位でゴールした選手がいた。タンザニアのジョン・スティーブン・アクワリ選手は、レース中に転倒、負傷した部分を包帯で巻かれ、他の選手がゴールしてから一時間以上も経過した後に血まみれになって足を引きずりながらゴール。スタンドの観客席には人がほとんど見えなかった。ちなみに、この大会でマラソン3連覇に挑戦したアベベは棄権した。

64

6試合で7ゴールを決めて得点王に輝いた
釜本邦茂（かまもとくにしげ）

1968年 第19回メキシコシティー大会

プロフィール
- 生年月日：1944年4月15日
- 出身：京都府
- 種目：サッカー

エピソード
アジア人初の得点王

サッカーでは、それまでヨーロッパと南米以外でメダルを獲得した国はなかったため、日本も予選どまりといわれていた。しかし、ナイジェリア、フランスに勝利、3位決定戦では開催国のメキシコに勝利して銅メダルに輝いた。釜本は6試合で7ゴールを挙げて、大会の得点王になった。

メキシコを破って銅メダルと得点王に輝いた釜本は、「右のふくらはぎが痛かったが、メキシコの当たりが弱かったので、割合、楽な試合だった」と語った。

金 メキシコシティー大会で金メダル4つを獲得

中山彰規
なかやまあきのり

1968年
第19回メキシコシティー大会

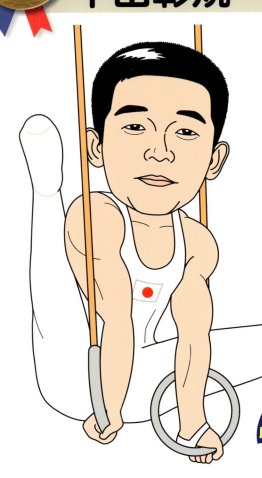

プロフィール
生年月日：1943年3月1日
出身：愛知県
種目：体操

エピソード
種目別のスペシャリスト

メキシコシティー大会では、つり輪、鉄棒、平行棒の3種目で優勝。「種目別のスペシャリスト」と呼ばれ、団体総合とあわせて4つの金メダルを獲得した。続くミュンヘン大会では主将として団体総合連覇に貢献、種目別ではつり輪で高得点を出して連覇を果たした。

銀 — 3大会連続で男子マラソンに出場

君原健二
きみはらけんじ

1968年
第19回メキシコシティー大会

プロフィール
生年月日：1941年3月20日
出身：福岡県
種目：マラソン

エピソード

独特のフォーム

首をかしげ、顔をゆがめて走る独特なフォームが特徴。見ていると苦しそうだが、選手時代に出場したマラソン35回のレースはすべて完走し、「鉄人」と称された。

3大会連続で好成績

オリンピックには3大会連続で出場し、東京大会8位、メキシコ大会は銀メダル、ミュンヘン大会5位といずれも好成績を残した。

67

メキシコシティーで活躍したアスリートたち

金　陸上　走り幅とび

ボブ・ビーモン
（アメリカ）

伝説の跳人、ボブ・ビーモン

　陸上競技男子走り幅跳びで、これまでの世界記録を55cmも更新する8m90の大記録。準備された計測装置を大幅に超え、メジャーで測り直した。当時の専門家が、この記録はまず10年は破られないだろうといわれたが、実際、1991年にアメリカのマイク・パウエルに更新されるまで23年間破られなかった。

金　陸上　走高跳び

ディック・フォスベリー
（アメリカ）

初の背面跳び「フォズの魔法使い」

　自己流で走高跳びを始め、正面跳びの練習中、自ら考えだしたのが背面跳び。当時ではめずらしい後ろ向きの跳び方だったが、猛練習をして1966年の全米ジュニア選手権で優勝。メキシコで金メダルを獲得した。以後、背面跳びが世界中に普及し、「フォズベリー・フロップ」と呼ばれた。

マラソンで膝を脱臼しながら最下位で完走

マラソンで、膝を脱臼しながら最下位でゴールした選手がいた。タンザニアのジョン・スティーブン・アクワリ選手は、レース中に転倒、負傷した部分を包帯で巻かれ、他の選手がゴールしてから一時間以上も経過した後に血まみれになって足を引きずりながらゴール。スタンドの観客席には人がほとんど見えなかった。

第19回　メキシコシティー夏季大会　1968
・メダリスト一覧・

金 体操　　団体総合　　　　加藤 武司、中山 彰規、加藤 沢男、塚原 光男、
　　　　　　　　　　　　　　　監物 永三、遠藤 幸雄

　　　　　　個人総合　　　　加藤 沢男
　　　　　　床運動　　　　　加藤 沢男
　　　　　　つり輪　　　　　中山 彰規
　　　　　　平行棒　　　　　中山 彰規
　　　　　　鉄棒　　　　　　中山 彰規
　　　ウエイトリフティング
　　　　　　フェザー級　　　三宅 義信
　　　レスリング フリー・フライ級　中田 茂男
　　　　　　フリー・バンタム級　上武 洋次郎
　　　　　　フリー・フェザー級　金子 正明
　　　　　　グレコ・フライ級　宗村 宗二

銀 陸上競技 マラソン　　　君原 健二
　　　バレーボール男子　　　池田 尚弘、大古 誠司、猫田 勝敏、南 将之、白神 守、
　　　　　　　　　　　　　　嶋岡 健治、森田 淳悟、佐藤 哲夫、三森 泰明、
　　　　　　　　　　　　　　小泉 勲、木村 憲治、横田 忠義
　　　バレーボール女子　　　高山 鈴江、吉田 節子、岩原 豊子、笠原 洋子、
　　　　　　　　　　　　　　小野沢 愛子、小島 由紀代、福中 佐知子、宍倉 邦枝、
　　　　　　　　　　　　　　井上 節子、生沼 スミエ、古川 牧子、浜 恵子
　　　体操　　床運動　　　　中山 彰規
　　　　　　跳馬　　　　　　遠藤 幸雄
　　　ウエイトリフティング
　　　　　　ミドル級　　　　大内 仁
　　　レスリング グレコ・フェザー級　藤本 英男

銅 体操　　個人総合　　　　中山 彰規
　　　　　　つり輪　　　　　加藤 沢男
　　　　　　鉄棒　　　　　　監物 永三
　　　ウエイトリフティング
　　　　　　フェザー級　　　三宅 義行
　　　ボクシング バンタム級　森岡 栄治
　　　体操　　床運動　　　　加藤 武司
　　　サッカー　　　　　　　横山 謙三、浜崎 昌弘、鎌田 光夫、宮本 征勝、
　　　　　　　　　　　　　　鈴木 良三、片山 洋、富沢 清司、山口 芳忠、森 孝慈、
　　　　　　　　　　　　　　八重樫 茂生、宮本 輝紀、小城 得達、湯口 栄蔵、
　　　　　　　　　　　　　　渡辺 正、杉山 隆一、松本 育夫、桑原 楽之、釜本 邦茂

第20回 1972年 ミュンヘン 夏季大会

開催都市　西ドイツ・ミュンヘン
開催期間　8月26日〜9月11日
参加国・地域数　121
参加選手数　7121
種目数　195

ミュンヘンオリンピック事件

オリンピック開催中の9月5日、パレスチナのゲリラが選手村のイスラエル選手宿舎を襲撃。イスラエル選手団のレスリングコーチとウエイトリフティングの選手を殺害した後、9人を人質に。救出は失敗し、銃撃戦の末、人質9人全員とゲリラ5人、警官1人が死亡する大惨事となり、オリンピック史上最悪の悲劇といわれている。パレスチナ武装組織のグループの名前から「黒い9月事件」とよばれる。

公式マスコットキャラクターが登場

ミュンヘン大会から公式のマスコットキャラクターが登場した。マスコット名はバルディで、ドイツ原産の猟犬であるダックスフンドがモチーフになっている。最初のオリンピックマスコットは非公式だが冬季オリンピックで、1968年のグルノーブルオリンピックで誕生。シュスという名前で、スキーヤーのマスコットだった。

遅刻で失格に

男子100mの優勝候補だったアメリカの2選手が、男子100m準々決勝の開始時間を間違えて遅刻し失格に。それも手伝い、ソ連のバレリー・ボルゾフが10秒4という平凡なタイムで優勝。ボルゾフは続く200mでも優勝。こちらは当時のシーズンベスト20秒0の好タイムだった。

柔道が復活

メキシコシティー大会で行われなかった柔道が復活。日本の大活躍が期待されたが、6階級で金メダルは3つと物足りない成績に終わり、オランダのウィレム・ルスカが93キロ超級と無差別級に出場し2階級制覇を果たして話題になった。

金 加藤沢男（かとうさわお）

オリンピックで獲得した金メダルは日本人最多の8個

1972年
第20回ミュンヘン大会

プロフィール
- 生年月日：1946年10月11日
- 出身：新潟県
- 種目：体操

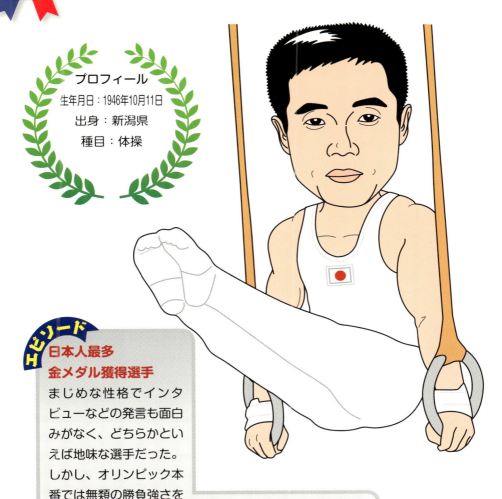

エピソード
日本人最多 金メダル獲得選手

まじめな性格でインタビューなどの発言も面白みがなく、どちらかといえば地味な選手だった。しかし、オリンピック本番では無類の勝負強さを発揮。大会前、メキシコシティー大会では注目された中山彰規の影に隠れ個人総合優勝。ミュンヘン大会でも塚原光男などの影に隠れて2大会連続個人総合優勝。モントリオール大会でも、2つの金メダルを獲得している。

金 日本の女子水泳で前畑秀子以来36年ぶりの金メダル

青木まゆみ（あおき まゆみ）

1972年 第20回ミュンヘン大会

プロフィール
生年月日：1953年5月1日
出身：熊本県
種目：水泳

エピソード

金太郎

現役時代、当時の日本人女性としては大柄な164センチ、63キロの体格から「金太郎」のニックネームで呼ばれた。腕ひとかきの間に2度キックする「1ストローク2ビート泳法」で鳴らした。

決勝前の心理戦

決勝に残った8選手のうち、外国人選手が6人いた。ここで青木は心理戦を仕掛け、相手一人一人の目をじっと見ていった。全員最後は目をそらしたので、その時「勝った」と思ったという。

金

自ら開発した「新・田口キック」世界新記録で金メダルを獲得！

田口信教
(たぐちのぶたか)

1972年
第20回ミュンヘン大会

プロフィール
生年月日：1951年6月18日
出身：愛媛県
種目：水泳

エピソード
泳法違反で失格に

メキシコシティー大会では世界新記録のタイムを出しながらも失格。理由は、足の引きつけを早くして直接的に足をけりかえす「田口キック」が平泳ぎでは禁止されているドルフィンキックとみなされたため。
失格処分は自分に運がなかっただけと考え、運を味方につけるため電車内でお年寄りに積極的に席をゆずるなど、良い行動を積極的にやったという。

「世界の大砲」と呼ばれた日本のエース
大古誠司
おおこせいじ

1972年
第20回ミュンヘン大会

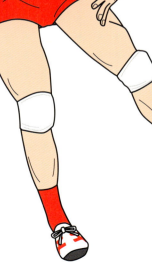

プロフィール
生年月日：1948年2月15日
出身：神奈川県
種目：バレーボール

◆男子バレーのメンバー
南　将之　　旭化成
中村祐造　　新日本製鐵
猫田勝敏　　日本専売公社
木村憲治　　松下電器
野口泰弘　　松下電器
森田淳悟　　日本鋼管
横田忠義　　松下電器
大古誠司　　日本鋼管
佐藤哲夫　　富士写真フィルム
嶋岡健治　　日本鋼管
深尾吉英　　東レ
西本哲雄　　日本専売公社

バレー界の裕次郎
川崎市桜本中学入学のときはバレー部ではなくブラスバンド部に入部。音楽にも抜群の才能を持っていて、合宿でも渋いノドを披露するなど「バレー界の石原裕次郎」と呼ばれていた。

74

ミュンヘンで活躍したアスリートたち

 水泳

マーク・スピッツ（アメリカ）
宣言通り7種目すべてで金メダル

オリンピックのアメリカ代表に選ばれたときに「出場する7種目全てで金メダルを獲得する」と宣言。その言葉通り、100と200m自由形、100と200mバタフライで4個の金メダルを獲得、400mと800m自由形リレー、400mメドレーリレーで出場した7種目すべてで金メダルを獲得。しかも、すべて世界新記録達成という快挙だった。

 女子体操

オルガ・コルブト（ソ連）
ミュンヘンの恋人

女子体操で華麗な演技が大人気を呼び、「ミュンヘンの恋人」というニックネームで呼ばれた。ミュンヘン大会では金メダル3つと銀メダル1つを獲得。モントリオール大会でも金メダル1つ、銀メダル1つを獲得した。1999年、アメリカに移住。2017年、ミュンヘン五輪で獲得したメダルや現役時代の思い出の品々をアメリカのオークションに出品し話題になった。

夏季オリンピックの名実況①

- 「前畑頑張れ！　前畑頑張れ！　勝った、勝った！」
  1936年ベルリン五輪、前畑秀子選手の200m平泳ぎで金。
- 「日本の皆さん、どうか古橋を責めないでください」
  1952年ヘルシンキ五輪で、選手としてのピークを過ぎて初出場した古橋廣之進が8位に終わって。
- 「今日の主役は太陽です」
  1964年、東京五輪開会式のラジオ実況放送で。
- 「金メダルポイントです」
  1964年、東京五輪の女子バレー、悲願の金メダルへ、あと1点となり、日本のサーブの時に出た有名な一言。

第20回　ミュンヘン夏季大会　1972
・メダリスト一覧・

金 水泳　　　100m 平泳ぎ　　　　田口 信教
　　　　　　　女子100m バタフライ　青木 まゆみ
　　　体操　　　団体総合　　　　　　加藤 沢男、中山 彰規、塚原 光男、監物 永三、
　　　　　　　　　　　　　　　　　　笠松 茂、岡村 輝一
　　　　　　　個人総合　　　　　　　加藤 沢男
　　　　　　　平行棒　　　　　　　　加藤 沢男
　　　　　　　つり輪　　　　　　　　中山 彰規
　　　　　　　鉄棒　　　　　　　　　塚原 光男
　　　レスリング フリー・52キロ級　加藤 喜代美
　　　　　　　フリー・57キロ級　　　柳田 英明
　　　柔道　　　中量級　　　　　　　関根 忍
　　　　　　　軽量級　　　　　　　　川口 孝夫
　　　　　　　軽中量級　　　　　　　野村 豊和
　　　バレーボール男子　　　　　　　中村 祐造、南 将之、猫田 勝敏、木村 憲治、
　　　　　　　　　　　　　　　　　　野口 泰弘、森田 淳悟、横田 忠義、大古 誠司、
　　　　　　　　　　　　　　　　　　佐藤 哲夫、嶋岡 健治、深尾 吉英、
　　　　　　　　　　　　　　　　　　西本 哲男

銀 体操　　　個人総合　　　　　　監物 永三
　　　　　　　平行棒　　　　　　　　笠松 茂
　　　　　　　鉄棒　　　　　　　　　加藤 沢男
　　　　　　　あん馬　　　　　　　　加藤 沢男
　　　　　　　床運動　　　　　　　　中山 彰規
　　　レスリング フリー・68キロ級　和田 喜久夫
　　　　　　　グレコ・52キロ級　　　平山 紘一郎
　　　バレーボール女子　　　　　　　松村 勝美、山下 規子、岩原 豊子、飯田 高子、
　　　　　　　　　　　　　　　　　　生沼 スミエ、浜 恵子、古川 牧子、
　　　　　　　　　　　　　　　　　　島影 せい子、山崎 八重子、塩川 美和子、
　　　　　　　　　　　　　　　　　　白井 貴子、岡本 真理子

銅 水泳　　　200m 平泳ぎ　　　　田口 信教
　　　体繰　　　個人総合　　　　　　中山 彰規
　　　　　　　平行棒　　　　　　　　監物 永三
　　　　　　　鉄棒　　　　　　　　　笠松 茂
　　　　　　　あん馬　　　　　　　　監物 永三
　　　　　　　つり輪　　　　　　　　塚原 光男
　　　　　　　床運動　　　　　　　　笠松 茂
　　　柔道　　　重量級　　　　　　　西村 昌樹

第21回 1976年 モントリオール 夏季大会

開催都市　カナダ・モントリオール
開催期間　7月17日〜8月1日
参加国・地域数　92
参加選手数　6043
種目数　198

国際的政治問題の続発により、ボイコットが続く

オリンピック開会式の24時間前になって、人種差別に反対するアフリカの22か国が、オリンピックをボイコットし、選手達が引き上げた。これは、大会に参加するニュージーランドが、人種隔離政策（アパルトヘイト）を実施している南アフリカと交流していること（南アへのラグビーチーム派遣）などへの抗議であった。そのため116の国と地域が当初エントリーしていたが、参加国は前大会より30か国あまり減り、92の国と地域となった。

予算が膨れ上がって大赤字

モントリオール大会は市長のドラポーが招致委員会の会長となって、大会の予算は3億2000万ドルと計算されていた。しかし、開催が決まり、組織委員会が大会の準備に取りかかると、オイルショックによる物価の高騰によって、建設資材や人件費がふくらみ最終的には3億ドルから13億ドルに膨れ上がった。大会全体の赤字総額は日本円で1兆円と言われている。モントリオール市はその後、30年かけて負債を返済し、2006年に完済した。

アベックランナー

聖火リレーの最終ランナーは高校生のステファン・プレフォンテーヌとサンドラ・ヘンダーソン。
アベックランナーでの聖火リレーはオリンピック初めてのアイデアで話題になった。

後の総理大臣が選手として出場

セメント会社を経営するかたわらクレー射撃の日本代表に選ばれた麻生太郎選手。1979年の衆議院選挙に当選、2008年には内閣総理大臣にまでのぼりつめた。

金 大技「月面宙返り」で種目別鉄棒を連覇

塚原光男(つかはらみつお)

1976年
第21回モントリオール大会

プロフィール
生年月日：1947年12月22日
出身：東京都
種目：体操

エピソード

忍法木の葉落とし
月面宙返りでミュンヘン、モントリオール大会の種目別鉄棒で連覇を達成。トランポリンからヒントを得た大技だったが、木の葉のようにきらきらと宙を舞って着地するため、当初は「忍法木の葉落とし」と実況されたこともあったという。

親子で金メダリスト
息子の塚原直也はアテネオリンピックの体操団体で金メダルを獲得。

78

金 オリンピックで日本人初の無差別級金メダルを獲得

上村春樹（うえむらはるき）

1976年
第21回モントリオール大会

プロフィール
生年月日：1951年2月14日
出身：熊本県
種目：柔道

エピソード
柔道のきっかけ

柔道を始めた動機を聞かれ、子供の頃おとなしすぎて泣いてばかりいたので親から無理やりやらされたと語っていたが、本当は幼稚園をクビになるほどのやんちゃぶりに親が手を焼いて、父が強制的に道場に連れて行ったという。

70年代を代表する日本最強のレスリング選手

高田裕司
たかだゆうじ

1976年
第21回モントリオール大会

プロフィール
生年月日：1954年2月17日
出身：群馬県
種目：レスリング

エピソード
減量
初戦から決勝戦までは5日間あったが、圧倒的な強さのせいで試合が短時間で勝負がついてしまい、試合で汗を流して体重を減らすという調整ができなかった。そのため、試合期間中、他の選手はたくさん食べているのに、自分はランニングなどで減量しなければならず、なんでこんな苦しみを味わわなければならないのかと腹を立てていた。
金メダルに輝いたとき、これで思う存分ラーメンにありつけると思ったという。

金 白井貴子 (しらいたかこ)

「ビッグ」の愛称で知られ、日本のエースアタッカーとして活躍

1976年 第21回モントリオール大会

プロフィール
- 生年月日：1952年7月18日
- 出身：岡山県
- 種目：バレーボール

エピソード

ひかり攻撃
セッターの松田紀子とのコンビで相手を翻弄した「ひかり攻撃」。水平に流れる低くて速いトスを打つ攻撃で、当時の新幹線「ひかり」の速さから名付けられた。

◆モントリオールオリンピック 日本女子バレーのメンバー

飯田高子	ヤシカ
岡本真理子	日立製作所
前田悦智子	三洋電機
松田紀子	日立製作所
白井貴子	日立製作所
加藤きよみ	日立製作所
荒木田裕子	日立製作所
金坂克子	日立製作所
吉田真理子	日立製作所
高柳昌子	日立製作所
矢野広美	日立製作所
横山樹里	ユニチカ

モントリオールで活躍したアスリート

1976年 第21回 モントリオール大会

🥇 ナディア・コマネチ

生年月日：1961年11月12日
出身：ルーマニア
種目：体操

**オリンピック史上初の
満点を獲得した「白い妖精」**

モントリオール大会は体操女子のルーマニアの新鋭、ナディア・コマネチ一色というほどの活躍だった。初日に行われた段違い平行棒で、オリンピック史上初の10点満点を記録。翌日の自由演技では平均台、段違い平行棒で10点満点。満点の10点を合計7回も記録。個人総合、段違い平行棒、平均台で金メダルを獲得、団体総合で銀メダル、ゆかで銅メダル。14歳での個人総合優勝は史上最年少の記録となった。次のモスクワ大会でも平均台、ゆかで2つの金メダルを獲得している。

モントリオール大会当時、ＩＯＣは体操競技で10点満点が出ることを想定していなく9.99までしか掲示板に表示できなかったため、掲示板には1.00と表示された。彼女の活躍に世界中が驚き、その華麗な容姿は「白い妖精」と呼ばれ、一躍大会のヒロインになった。

現在の体操の得点は、加点される方式なので満点はないが、当時は満点（10.00）からの減点方式で点数が表示されていた。

第21回 モントリオール夏季大会 1976
・メダリスト一覧・

🥇	体操	団体総合	加藤 沢男、塚原 光男、監物 永三、梶山 広司、藤本 俊、五十嵐 久人
		平行棒	加藤 沢男
		鉄棒	塚原 光男
	レスリング	フリー・52キロ級	高田 裕司
		フリー・74キロ級	伊達 治一郎
	柔道	中量級	園田 勇
		軽重量級	二宮 和弘
		無差別級	上村 春樹
	バレーボール女子		飯田 高子、岡本 真理子、前田 悦智子、白井 貴子、加藤 きよみ、荒木田 裕子、金坂 克子、吉田 真理子、高柳 昌子、松田 紀子、矢野 広美、横山 樹理
🥈	体操	個人総合	加藤 沢男
		あん馬	監物 永三
		跳馬	塚原 光男
		鉄棒	監物 永三
	柔道	軽中量級	蔵本 孝二
	アーチェリー		道永 宏
🥉	体操	個人総合	塚原 光男
		跳馬	梶山 広司
		平行棒	塚原 光男
	レスリング	フリー・48キロ級	工藤 章
		フリー・57キロ級	荒井 政雄
		フリー・68キロ級	菅原 弥三郎
		グレコ・52キロ級	平山 紘一郎
	柔道	重量級	遠藤 純男
	ウエイトリフティング		
		バンダム級	安藤 謙吉
		フェザー級	平井 一正

1980年5月24日　第22回モスクワ大会不参加が決定！

当時、ソ連のアフガニスタンへの軍事侵攻に抗議して、アメリカのカーター大統領がオリンピック・モスクワ大会のボイコットを西側諸国に呼びかけ、日本も追随。5月24日、臨時総会を開き、モスクワ大会への参加問題について「不参加やむなし」の柴田勝治委員長見解を賛成29、反対13で採決。日本のオリンピック不参加を決定した。
日本が第5回ストックホルム大会に初参加して以来、招請状を受けながら参加しないのはこの大会が初めて。

> 政府と同じ結論を出していただいたことは高く評価している
> 　　　　　　　　　　　大平首相のことば

金メダルが有力視された選手たちのことば

> これまでは、どうなるのか分からなかったので、この問題は考えないようにして練習に励んできたのに、大きなショックです。

山下泰裕選手（柔道）

瀬古利彦選手（マラソン）

> まえから中村コーチに不参加の可能性が高いと聞いていたので、それほどショックではない。
> アジアの大半が不参加なのだから仕方ないと思います。
> 心の隅にいちるの希望はありましたが……

> 何もいうことはありません。
> うすうすは（不参加を）感じていました。
> はっきり言って政府にもJOCにもがっかりした。これからの若い選手たちには二度とこんなことがないようにしてほしい。

高田裕司（レスリング）

第22回 1980年 モスクワ 夏季大会

開催都市　ソ連・モスクワ
開催期間　7月19日～8月3日
参加国・地域数　80
参加選手数　5283
種目数　203

参加国からも抗議

史上初の社会主義国による大会。参加国はIOC加盟国148か国の約半分。アメリカ、日本、西ドイツ、カナダ、中国など多くの国がボイコット。参加国のベルギー、イタリア、ルクセンブルク、オランダ、サンマリノ、フランス、スイスなど10か国が抗議のアピールとして入場行進を拒否。

ソ連と東ドイツの活躍

西側諸国がボイコットした大会の結果、ソ連が80個、東ドイツが47個の金メダルを獲得。この2か国で約60パーセントを占める活躍ぶりだった。

マスコット、ミーシャも涙

閉会式の最後に、スタンドに人文字で作られた大会マスコットの熊のミーシャの目から一筋の涙が流れる演出があった。これは終わってしまう大会への惜別を表したものだったが、オリンピックが政治の道具にされてしまった悲しみを象徴するかのようなシーンだった。

金 体操

アレクサンドル・ディチャーチン
（ソ連）

一大会でメダル8個を記録

個人総合、団体、つり輪で3個の金メダルを獲得。あん馬、跳馬、平行棒、鉄棒で銀メダル4個、床で銅メダル1個を獲得し、オリンピック1大会でのメダル獲得数8個は2004年アテネ、2008年北京でそれぞれ8個を獲得したマイケル・フェルプスと並ぶ最多記録である。

85

第23回 1984年 ロサンゼルス 夏季大会

開催都市　アメリカ・ロサンゼルス
開催期間　7月28日～8月12日
参加国・地域数　140
参加選手数　6802
種目数　221

史上最大規模の大会

52年ぶりにアメリカで開催されたオリンピックは史上最大規模とうたわれ、空からジェット噴射を積んだ「ロケットマン」が舞い降りてきた演出が話題となった。

しかし、大会不参加国も多数あり、ソ連、東ドイツ、ポーランド、チェコスロバキア、ハンガリー、ブルガリアなどの16か国がボイコットを敢行した。

オリンピック初の女子マラソン

この大会から公式競技になった女子マラソン。優勝したのはアメリカのジョーン・ベノイト選手だったが、優勝した選手よりもさらに注目を浴びたのはスイスのガブリエラ・アンデルセン選手。競技場に入ってきたアンデルセンは、脱水症状により千鳥足で今にも倒れそうになりながらゴールをめざしていた。役員の助けに首を振り、自力でゴールしたアンデルセンに競技場からは大歓声が巻き起こった。

入賞が6位から8位に

この大会から夏季五輪の入賞が、それまでの6位から8位までに広げられた。1位から8位までの選手全員が入賞者となるが、1～3位の選手はメダルが授与され「メダリスト」といわれるため、入賞者と言えば一般的に4～8位の選手のことを指す。入賞者には賞状が与えられる。

期待の瀬古、まさかの14位に沈む

男子マラソンの金メダル最有力候補といわれた瀬古利彦選手が、まさかの14位に。ロス入り直前に走り込み過ぎて体調を崩し、本番の厳しい暑さがより一層応えた。日本勢は双子のマラソンランナー、宗兄弟の弟、宗猛が日本人最高の4位、宗茂が17位という結果に終わった。

金 山下泰裕
やましたやすひろ

右足を負傷しながら金メダルを獲得した史上最強の柔道家

1984年
第23回ロサンゼルス大会

プロフィール
生年月日：1957年6月1日
出身：熊本県
種目：柔道

エピソード
無敵の強さ

大会後、アマチュア選手として初の国民栄誉賞を受賞。1985年、全日本選手権で9連覇を果たし現役を引退。公式試合で通算203連勝、外国人選手には無敗という柔道史に名を残す偉大な選手だった。

金 男子体操で史上初の10点満点を3回連続で記録

森末慎二
もりすえしんじ

1984年
第23回ロサンゼルス大会

プロフィール
生年月日：1957年5月22日
出身：岡山県
種目：体操

エピソード

オリンピック史上初
男子鉄棒決勝で、当時の点数方式で最高の10点満点を3回連続でマークし、男子では史上初の快挙。

タレントに転身
フジテレビのバラエティー番組「笑っていいとも！」の人気コーナー「テレホンショッキング」に歌手の岸田智史の紹介で出演することになった。当時のアマチュア規定でバラエティー番組への出演はできなかったが、憧れの番組だったため電話をもらった時、後先考えずに「出ます出ます」と言ってしまった。その日に引退宣言をして出演を強行。その後タレントに転身した。

ミュンヘン大会以来、12年ぶり日本に男子個人総合金メダル

具志堅幸司
ぐしけんこうじ

1984年
第23回ロサンゼルス大会

プロフィール
生年月日：1956年11月12日
出身：大阪府
種目：体操

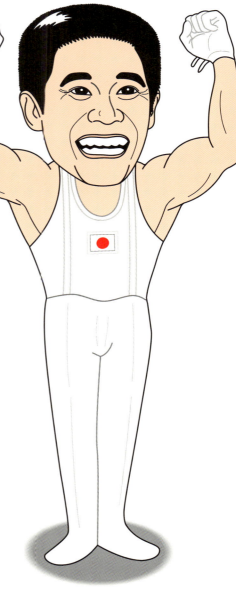

体操のきっかけ

小学校6年生のとき、メキシコオリンピックの体操競技で、加藤澤男選手の演技をテレビで見てカッコいいと思い、母に自分も体操がやりたいとねだった。

不屈の闘志でメダル5つ

学生時代に2度、アキレス腱を傷め、一時は体操をあきらめかけたこともあったが、不屈の闘志で復活。絶好調だったモスクワ大会はボイコットのため涙をのんだが、ロサンゼルス大会では金メダル2、銀メダル1、銅メダル2と、5つのメダルを獲得した。

日本のオリンピック史上最年長の48歳の金メダリスト

蒲池猛夫
かまちたけお

1984年
第23回ロサンゼルス大会

プロフィール

生年月日：1936年3月20日
出身：旧満州国
種目：射撃競技

エピソード
孫もいる金メダリスト

1968年のメキシコシティー大会から3大会連続してオリンピックに出場。1980年のモスクワ大会でも代表に選ばれたが、日本は大会をボイコット。1984年のロサンゼルス大会をめざしたが、草刈り中に利き手である右手の怪我で引退。その後、コーチになったが、有望な若手が育たず、ロサンゼルス大会前年に引き金を引けるようになったことで、周りのすすめもあって現役復帰、ロサンゼルス大会代表に。優勝候補だった前大会の金メダリストなどをおさえて優勝。日本の射撃界初の金メダリストは孫もいる48歳ということで話題になった。

ロサンゼルスで活躍したアスリート

1984年 第23回 ロサンゼルス大会
カール・ルイス

陸上男子　各種目

生年月日：1961年7月1日〜
出身：アメリカ　種目：陸上競技

陸上界のスーパースター、カール・ルイス

100mを9秒99で優勝、走り幅跳びは2位を30㎝以上引きはなす8m54で金メダル。200mではオリンピック新記録の19秒80、400mリレーでは世界新記録の37秒83で優勝し、ベルリン大会のオーエンス選手以来の四冠王を達成し、「カール・ルイスの大会」といわれるほどの活躍を見せた。その後、ソウル大会でも100m、走り幅跳びで金メダル、バルセロナ大会では走り幅跳びと400mリレーで金メダル。
最後に出場したアトランタ大会では、走り幅跳びで世界記録保持者のマイク・パウエルと争って、みごとに金メダルに輝き、オリンピック個人種目4連覇を記録した。「この9個目の金メダルは、今までの8個をすべてあわせたよりも重い」と語った。

右足を負傷しながら金メダル

ロサンゼルス大会の柔道無差別級で金メダルをとった山下泰裕は、1回戦はわずか27秒で一本勝ち。2回戦も一本勝ちで勝利したが、軸足の右足ふくらはぎを痛めるアクシデントがおこった。山下は足をひきずりながらも、3回戦に勝利。残すは決勝戦の1試合。相手はエジプトの巨漢、モハメド・ラシュワン。ラシュワンは山下の右足ではなく、左足に攻撃をしかけたが、山下はラシュワンへの押さえこみに成功、一本をとったことを告げるブザーが鳴り、金メダルを獲得した。試合後、ラシュワンは「痛めた足を狙うのは私の信念に反する。山下が強かったから私は負けたのだ」と語り、表彰式でも足を引きずる山下に手を貸し、表彰台の中央へ導いた。

「オリンピックおじさん」の現地応援

オリンピックで印象に残っている「顔」は選手ばかりではない。
「オリンピックおじさん」の愛称で知られる山田直稔さん。金色のシルクハットをかぶり、羽織ハカマ姿で日の丸や金色の日の丸扇子をふって、競技会場で応援する様子は、オリンピックのたびにテレビに映って話題になっている。山田さんは、1964年、38歳のとき東京オリンピックを初観戦してから、15大会を現地で観戦している。観戦した14大会は夏季オリンピックで、冬季オリンピックは1998年の長野オリンピックだけだという。その理由は暑いのは全く平気だけど、寒いのが苦手だからだとか。山田さんは大相撲観戦も大好きで、相撲中継でも応援している姿が話題になっていた。

第23回　ロサンゼルス夏季大会　1984
・メダリスト一覧・

金 体操　　　個人総合　　　具志堅 幸司
　　　　　　　つり輪　　　　具志堅 幸司
　　　　　　　鉄棒　　　　　森末 慎二
　　　レスリング フリー・57キロ級　富山 英明
　　　　　　　グレコ・52キロ級　宮原 厚次
　　　柔道　　　60キロ以下級　細川 伸二
　　　　　　　65キロ以下級　松岡 義之
　　　　　　　95キロ超級　斉藤 仁
　　　　　　　無差別級　山下 泰裕
　　　ライフル射撃 ラピッドファイアーピストル
　　　　　　　　　　　　蒲池 猛夫

銀 体操　　　平行棒　　　梶谷 信之
　　　　　　　跳馬　　　　　具志堅 幸司、森末 慎二
　　　レスリング フリー・48キロ級　入江 隆
　　　　　　　フリー・62キロ級　赤石 光生
　　　　　　　フリー・82キロ級　長島 偉之
　　　　　　　フリー・90キロ級　太田 章
　　　　　　　グレコ・57キロ級　江藤 正基

銅 水泳　　　シンクロ・ソロ　元好 三和子
　　　　　　　シンクロ・デュエット　元好 三和子、木村 さえ子
　　　バレーボール女子　　　　江上 由美、三屋 裕子、石田 京子、杉山 加代子、
　　　　　　　　　　　　宮島 恵子、中田 久美、森田 貴美枝、広瀬 美代子、
　　　　　　　　　　　　廣 紀江、大谷 佐知子、小高 笑子、利部 陽子
　　　体操　　　団体総合　　　梶谷 信之、山脇 恭二、平田 倫教、具志堅 幸司、
　　　　　　　　　　　　外村 康二、森末 慎二
　　　　　　　鉄棒　　　　　具志堅 幸司
　　　　　　　床運動　　　　外村 康二
　　　レスリング フリー・52キロ級　高田 裕司
　　　　　　　グレコ・48キロ級　斉藤 育造
　　　ウェイトリフティング
　　　　　　　52キロ級　　　真鍋 和人
　　　　　　　56キロ級　　　小高 正宏
　　　　　　　82.5キロ級　　砂岡 良治
　　　自転車　スプリント　坂本 勉
　　　柔道　　86キロ以下級　野瀬 清喜
　　　アーチェリー　　　　　山本 博

93

第24回 1988年 ソウル 夏季大会

開催都市　韓国・ソウル
開催期間　9月17日〜10月2日
参加国・地域数　159
参加選手数　8473
種目数　237

開会式のハプニング

聖火点火後に放すはずだった平和の象徴である鳩を、点火前に放してしまい、聖火台に止まっていたため、数羽の鳩がその後の点火によって丸焼けになってしまった。

金メダルをなくすハプニング

レスリングフリースタイル48キロ級で金メダルを獲得した小林孝至選手は、大会終了後、公衆電話ボックスの中に金メダルを置き忘れた。
金メダリストになった小林は祝勝会やお世話になった人への挨拶回りに金メダルを持ち歩くうちに、金メダルへの注意力が途切れがちになったという。後日、置き忘れた金メダルは無事、戻ってきた。

金　棒高跳び

セルゲイ・ブブカ
（ウクライナ）

世界記録を35回更新した鳥人

　約10年にわたって世界記録を35回も更新した棒高跳びの鳥人。1984年のロサンゼルス大会は金メダルの有力候補だったがソ連がボイコットしたためオリンピックに出場できなかった。1988年のソウル大会では、5m90を記録し、金メダルを獲得。この時、自身が持つ世界記録の6m6の更新を棄権した。最後の世界記録は1994年に出した6m14。

　2015年、フランスのルノー・ラビレニが6m16を出し、ブブカのもつ世界記録を更新した。

金

バサロ泳法で日本競泳16年ぶりとなる金メダルを獲得

鈴木大地(すずきだいち)

1988年
第24回ソウル大会

プロフィール
生年月日：1967年3月10日
出身：千葉県
種目：水泳

エピソード

子供の頃

小学校2年でスイミングクラブに通い始める。中学時代に引退まで指導を受けた鈴木陽二にスポーツクラブで出会った。高校時代は毎日練習で20キロを泳いでいたという。

金メダルの瞬間

視力が悪かったのでゴールの瞬間、誰が勝ったのかわからなかった。電光掲示板に少しずつ近づいて目を細め、「ＳＵＺＵＫＩ」のとなりの「１」の数字を確かめ、初めて勝利を確信し、ガッツポーズをした。

銀 25歳の婦警さんが女子射撃でメダリストに

長谷川智子
（はせがわともこ）
（現・福島實智子）

1988年
第24回ソウル大会

プロフィール
生年月日：1963年8月23日
出身：北海道
種目：射撃競技

エピソード
太陽にほえろにシビれて

婦人警官のカッコよさに憧れて大阪府警に入る。テレビの刑事ドラマ「西武警察」「太陽にほえろ！」にシビれてピストルを始めた。大阪、春日丘高校ではソフトボールの4番でキャッチャー。料理が得意で、あり合わせの材料で美味しく作れる。アイスクリームが大好物。

95キロ超級で2大会連続の金メダル

斉藤 仁(さいとう ひとし)

1988年
第24回ソウル大会

プロフィール
生年月日：1961年1月2日
（2015年1月20日没）
出身：青森県
種目：柔道

エピソード

柔道を始めたきっかけ

テレビドラマ「柔道一直線」を見てから。桜木健一が演じる一条直也が大きな相手を投げ飛ばしたり、近藤正臣が演じた結城真吾が足でピアノを弾くシーンを見て、柔道をやれば出来ないこともやれるようになるのではと思ったという。

山下泰裕

ロサンゼルス大会、ソウル大会と2大会連続金メダルを獲得したが、ライバルである山下泰裕には対戦成績8戦全敗と一度も勝てなかった。ロス大会で金メダルを獲得した際には「エベレストに登るより富士山に登る方が難しい」と発言した。

小谷とのシンクロデュエットで銅メダルを獲得

田中 京（たなか みやこ）
（現・田中ウルヴェ京）

1988年
第24回ソウル大会

プロフィール
生年月日：1967年2月20日
出身：東京都
種目：シンクロナイズドスイミング

エピソード

子供の頃

6歳で水泳を始め、10歳でシンクロに転向。15歳で史上最年少でナショナルチーム入り。中学3年のときに右腕を疲労骨折し、右腕を布で縛り、試合では左腕だけで泳いだこともある。

小谷とのデュエットで銅メダル

ソウル大会では小谷実可子とのコンビでオリジナル曲「飛翔」で意気の合った演技を披露。大会前の4月には両耳の鼓膜に穴があいていることが分かったが、耐えて銅メダルを獲得。

銅 ソロとシンクロデュエットで2日連続銅メダルを獲得

小谷実可子
(こたにみかこ)

1988年
第24回ソウル大会

プロフィール
生年月日：1966年8月30日
出身：東京都
種目：シンクロナイズドスイミング

エピソード

子供の頃
3歳の時、自分の意思で水泳教室に入り、9歳の時、姉とシンクロを始める。当時はビデオカメラがなかったので、紙に書いた振り付けを覚えて練習した。

女性初の旗手
ソウル大会の開会式では夏季五輪史上初めて、女性として日本選手団の旗手を務めた。
ソロで「マダム・バタフライ」を演じ銅メダル。翌日の田中京とのデュエットでも華麗な演技を披露し、2日連続の銅メダルを獲得。シンクロ競技の認知度を高めた。

ソウルで活躍したアスリート

1988年 第24回 ソウル大会

 ## フローレンス・ジョイナー

陸上女子　各種目

生年月日：1959年12月21日〜
　　　　　1998年9月21日
出身：アメリカ　種目：陸上競技

速さと美しさをきわめたジョイナー

女子陸上で100m（10秒54）、200m（21秒34の世界記録）、400mリレーで優勝、3冠を獲得した。綺麗に彩られた長い爪、パーマをかけた長い髪など、そのファッション性でも話題を呼んだ。

レース前の化粧にかける時間は15〜16分。彼女が出した三冠の記録、予選を含めても走った時間は4分足らずであった。実は男なのではないか？とうわさが立つほど筋骨隆々の肉体をしているジョイナーは、練習の半分をウエートトレーニングにあてて、台所には筋力強化マシーンが置いてあったという。驚異的な記録のためドーピング疑惑もかけられたが検査では禁止薬物は検出されなかった。

第24回　ソウル夏季大会　1988
・メダリスト一覧・

金 水泳　　　100m 背泳ぎ　　　　　　鈴木 大地
　　レスリング　フリー・48キロ級　　　小林 孝至
　　　　　　　　フリー・52キロ級　　　佐藤 満
　　柔道　　　　95キロ超級　　　　　　斉藤 仁
銀 レスリング　グレコ・52キロ級　　　宮原 厚次
　　　　　　　　フリー・90キロ級　　　太田 章
　　ライフル射撃　女子スポーツピストル　長谷川 智子
銅 水泳　　　シンクロ・ソロ　　　　　小谷 実可子
　　　　　　　　シンクロ・デュエット　田中 京、小谷 実可子
　　体操　　　　男子団体総合　　　　　水島 宏一、小西 裕之、山田 隆弘、
　　　　　　　　　　　　　　　　　　　佐藤 寿治、西川 大輔、池谷 幸雄
　　　　　　　　床運動　　　　　　　　池谷 幸雄
　　柔道　　　　60キロ以下級　　　　　細川 伸二
　　　　　　　　65キロ以下級　　　　　山本 洋祐
　　　　　　　　86キロ以下級　　　　　大迫 明伸

ベン・ジョンソンがドーピングで金メダル剥奪

陸上男子100m 決勝で、ベン・ジョンソン（カナダ）がライバルのカール・ルイス（アメリカ）に自身が前年に出した世界記録 9 秒83を上回る 9 秒79という驚異的な記録で圧勝。しかし、3 日後、国際オリンピック委員会（IOC）医事委員会はジョンソンが禁止されている薬物を使用していたことを発表。金メダルを剥奪、記録を抹消した。

レース後、祝福の電話をかけたカナダのマルルーニ首相は「カナダ国民の誇りが一転して最大の恥辱となった」と非難した。

第25回 1992年 バルセロナ 夏季大会

開催都市　スペイン・バルセロナ
開催期間　7月25日〜8月9日
参加国・地域数　169
参加選手数　9368
種目数　257

独立国家共同体（EUN）が今回限りの五輪参加

ソ連崩壊後、今大会に限り、ロシア、アゼルバイジャン、アルメニア、ベラルーシ、グルジア、カザフスタン、キルギスタン、モルドバ、タジキスタン、トルクメニスタン、ウクライナ、ウズベキスタンの12か国で構成した独立国家共同体（EUN）として参加した。

開会式で坂本龍一が手掛けた曲「地中海」を指揮

バルセロナ大会の開会式セレモニーで、坂本龍一がマスゲームの音楽として「地中海」を作曲。自らもオーケストラを指揮した。最初は断ったが、制作側から熱心なオファーがあり、最終的に引き受けたという。

レース途中で肉離れ

陸上の男子400m準決勝1組に出場したデレク・レドモンド選手（イギリス）が、第2コーナーの160m付近で突然肉離れを起こし、その場にうずくまった。足を引きずりながら何とかレースを続けたが、最終コーナーでその姿を見かねて父親のジムが駆けつけ肩を支えながら2人でゴールイン。最後まであきらめないレイモンドのスポーツマン精神と親子の愛に観客から大きな拍手が鳴り響いた。

 体操

ビタリー・シェルボ（EUN）
体操で6冠達成

　EUN代表としてオリンピックに参加し、男子団体総合、個人総合、あん馬、つり輪、跳馬、平行棒の6つの金メダルを獲得。体操競技の一大会6つの金メダルは歴代最多記録である。

競泳史上世界最年少の14歳と6日での金メダル

岩崎恭子
いわさききょうこ

1992年
第25回バルセロナ大会

プロフィール
生年月日：1978年7月21日
出身：静岡県
種目：水泳

エピソード

毎日泣きながら泳いだ

水泳を習っていた姉に続き、5歳で水泳を始める。バルセロナ大会の選考会では残り1枠を姉と争い出場権を獲得。
オリンピック合宿ではきびしい練習に毎日泣きながら泳いでいたという。

最年少記録

競泳女子200m平泳ぎに出場。世界記録に約5秒も差があった岩崎は、まったく注目されていない選手だった。あれよあれよという間に決勝進出。自己ベストを1日で4秒も縮めて金メダルに輝いた。
優勝タイムは日本新記録およびオリンピック新記録の2分26秒65。14歳と6日での金メダル獲得は競泳史上最年少記録。日本の全種目でも最年少の記録である。

金 6試合オール一本勝ちで金メダルを獲得

吉田秀彦
よしだひでひこ

1992年
第25回バルセロナ大会

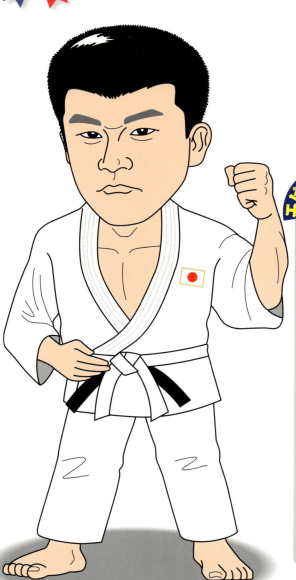

プロフィール
生年月日：1969年9月3日
出身：愛知県
種目：柔道

エピソード

試練

バルセロナ大会の出場が決まった直後の試合で左足首を捻挫。オリンピック本番前のコンディション調整は遅れていて、さらに78キロ級に出場するには普段の体重から8キロ落とさなければならず、バルセロナへたつ直前の夕食はおかゆ一杯だけだった。

アクシデント

バルセロナ入りした翌日、古賀稔彦選手と稽古中、古賀が左ひざじん帯を損傷。吉田は古賀の高校の2人後輩でもあり、相当滅入っていたが古賀は「気にするな」と逆に吉田を激励した。

左ひざじん帯損傷も強行出場で金メダル

古賀稔彦
（こがとしひこ）

1992年
第25回バルセロナ大会

プロフィール
生年月日：1967年11月21日
出身：佐賀県
種目：柔道

エピソード
強行出場

バルセロナ入り後、吉田秀彦選手との稽古中に左ひざじん帯を損傷。最低でも3週間の安静が必要と診断されたが古賀はあきらめなかった。試合前日まで足を引きずって歩いていて、とても試合に出られる状態ではなかったが、ひざの周辺6か所に痛み止めの注射を打っての強行出場。決勝はほとんど気力だけで戦って優勝。みごと金メダルに輝いた。

105

銅

ソロ、デュエットで銅メダル。この種目で日本は3大会連続の銅メダルを獲得。

おくのふみこ
奥野史子

1992年
第25回バルセロナ大会

プロフィール
生年月日：1972年4月14日
出身：京都府
種目：シンクロナイズドスイミング

エピソード 技術の高い演技

4歳で水泳を始め、シンクロを始めたのは小学校一年生から。4年間大阪南部の病院の支援を受け、患者のリハビリ用プールを週に4日借りてシンクロの練習に励んだ。シンクロの選手としては小柄ながら、スピード、パワー、技術の確かさを身につけ、表現力をつけるため元大阪松竹歌劇団員にジャズダンスを習ったという。

2日連続で銅メダル

8月6日のソロに続いて7日の高山亜樹と組んだデュエットで2日連続の銅メダルを獲得。シンクロ種目では3大会連続でソロ・デュエットで銅メダルを獲得。

第25回　バルセロナ夏季大会　1992
・メダリスト一覧・

金 水泳　女子200m 平泳ぎ　岩崎 恭子
　　柔道　78キロ以下級　吉田 秀彦
　　　　　71キロ以下級　古賀 稔彦
銀 柔道　95キロ超級　小川 直也
　　　　　女子72キロ以下級　田辺 陽子
　　　　　女子52キロ以下級　溝口 紀子
　　　　　女子48キロ以下級　田村 亮子
　　体操　床　池谷 幸雄
　　射撃　クレーオープントラップ　渡辺 和三
　　陸上競技　女子マラソン　有森 裕子
　　　　　　　マラソン　森下 広一
銅 水泳　シンクロ・ソロ　奥野 史子
　　　　　シンクロ・デュエット　奥野 史子、高山 亜樹
　　体操　男子団体　西川 大輔、池谷 幸雄、知念 孝、畠田 好章、松永 政行、相原 豊
　　体操　平行棒　松永 政行
　　レスリング　フリー・68キロ級　赤石 光生
　　柔道　86キロ以下級　岡田 弘隆
　　　　　60キロ以下級　越野 忠則
　　　　　女子72キロ超級　坂上 洋子
　　　　　女子56キロ以下級　立野 千代里
　　射撃　50m フリーライフル　木場 良平
　　野球　　渡部 勝美、西 正文、杉浦 正則、大島 公一、西山 一宇、
　　　　　　若林 重喜、中本 浩、杉山 賢人、徳永 耕治、十河 章浩、
　　　　　　伊藤 智仁、小島 啓民、佐藤 康弘、坂口 裕之、高見 泰範、
　　　　　　佐藤 真一、三輪 隆、小久保 裕紀、小桧山 雅仁、
　　　　　　川畑 伸一郎

ドリームチーム

ＩＯＣはこのバルセロナ大会からバスケットボールにプロ選手の参加を認めた。アメリカの男子バスケットボールは12人中11人が全米プロバスケットボール協会（ＮＢＡ）の選手で固めた「ドリームチーム」を結成。マイケル・ジョーダンやマジック・ジョンソンを擁するアメリカは他チームを圧倒して金メダルを獲得した。

第26回 1996年 アトランタ 夏季大会

開催都市　アメリカ・アトランタ
開催期間　7月19日～8月4日
参加国・地域数　197
参加選手数　10318
種目数　271

聖火ランナーの最終走者にモハメド・アリ

開会式の最終聖火点火者にボクシングの英雄、モハメド・アリが登場。最後まで最終走者を伏せられていたが、引退後、パーキンソン病をわずらっていたアリが聖火台に登場した姿にスタジアムの観客は驚きの声につつまれた。

アリは1960年のローマ大会で、カシアス・クレイの名前でボクシング・ライトヘビー級で金メダルを獲得。しかし、帰国後に故郷のアメリカの店で黒人差別を受け、金メダルも人種差別のまえには役に立たないと川に投げ捨てた。この大会で、アリはＩＯＣから改めて金メダルを授与された。

聖火点火をつとめるモハメド・アリ

アトランタ五輪で爆弾テロ

7月27日、アトランタ市内にあるオリンピック100周年記念公園内で、大きな爆発音が鳴り、2人が死亡、111人が負傷する事件がおこった。この日の競技は予定通り行われ、会場に半旗を掲揚、黙とうが捧げられた。

日本、惨敗の体操、競泳

体操競技はメルボルン大会以来、モスクワを除いて9大会連続でメダル獲得を守ってきた日本だったが、団体総合では10位、個人総合では塚原直也の12位、種目別では畠田好章のあん馬の5位が最高順位だった。競泳も大不振で、ロサンゼルス大会以来のメダルゼロ。期待された女子水泳陣も100m背泳ぎの中村真衣、100mバタフライの鹿島瞳、800mリレーがそれぞれ4位に入ったのが最高だった。

金 オリンピック史上初の3兄弟出場で金メダル

中村兼三（なかむらけんぞう）

1996年
第26回アトランタ大会

プロフィール
生年月日：1973年10月18日
出身：福岡県
種目：柔道

エピソード
史上初の3兄弟同時出場

アトランタ大会の柔道で、中村佳央、中村行成、中村兼三の中村3兄弟が3兄弟同時オリンピック出場を達成。兼三が71キロ級に出場して金メダルを獲得。行成が65キロ級で銀メダル、佳央は95キロ級で7位に終わった。中村兼三は末弟。長兄の佳央、次兄の行成の2人の兄を追って5歳から柔道を始める。兄2人は小さい頃から根性があったが、兼三は泣き虫だったという。運動のセンスは兄2人にかなわなかったが、人一倍の努力を重ねて3兄弟のなかでただひとり金メダルを獲得した。

柔道で女子史上初の金メダリスト
恵本裕子（えもとゆうこ）

1996年
第26回アトランタ大会

プロフィール
生年月日：1972年12月23日
出身：北海道
種目：柔道

エピソード

柔道のきっかけ
旭川南高校時代、母親に「青春するよ」と告げ部活で柔道を始める。それまでスポーツの経験がなく、もともとラグビー部に入ろうとしたが断られ、柔道に入部した。

試合前の食事
前年に行われた世界選手権では１回戦で敗退するなど、好不調の波が激しいタイプの選手。アトランタ大会では、日本から持参した米と梅干しとふりかけでおにぎりを作り、コーチらと一緒に食べて試合に臨み、女子柔道史上初の金メダルに輝いた。

銅 女子マラソンで2大会連続のメダル獲得

有森裕子(ありもりゆうこ)

1996年
第26回アトランタ大会

プロフィール
生年月日：1966年12月17日
出身：岡山県
種目：マラソン

エピソード
人見絹枝と有森裕子

バルセロナ五輪の女子マラソンで銀メダルを獲得したのが8月2日。陸上の日本女子で銀メダルを獲得したのは人見絹枝以来64年ぶりの出来事だったが、人見が獲得した日も8月2日だった。人見も有森も岡山県高女の出身で、有森の祖母、寿美子さんは同校で人見の一年後輩だったという。このアトランタ大会では銅メダル。

111

アトランタで活躍したアスリートたち

 陸上競技

マイケル・ジョンソン（アメリカ）

金色の靴で2冠

　陸上男子200mと400mで驚異的な走りを見せて金メダルに輝いた。力を温存させて走った400mを43秒49のオリンピック新記録で優勝すると、200mでは2位以下を4m引き離して自身の持つ世界記録を更新する19秒32の驚異的な記録で2冠を制覇した。続くシドニー大会でも400mで2連覇を達成。金色に塗られた靴も話題になった。

 陸上競技

ドノバン・ベーリー（カナダ）

遅咲き、世界新記録で金メダル

　ベーリーは13歳の時、ジャマイカからカナダに移り陸上を始める。24歳で本格的に陸上競技に取り組むようになったが、それまでは証券会社のサラリーマン。遅咲きの選手で、この大会の前年に世界陸上100mで優勝したのが国際的なデビューだった。アトランタ大会ではスタートは最下位だったが、残り20mでトップに立つと、世界記録の9秒85を0秒1更新、9秒84の世界新記録で優勝した。

マイアミの奇跡

　サッカーの予選リーグ初戦で、男子日本代表が史上初めて公式戦でブラジルを破る大金星。0対0でむかえた後半27分、伊東輝悦がこぼれたボールを押し込んで先制。残り時間はキーパーの川口能活が再三の好セーブで封じ、一点を守りきり「マイアミの奇跡」を演じた。ちなみにシュートの数は日本の4本に対し、ブラジルは28本だった。

第26回　アトランタ夏季大会　1996
・メダリスト一覧・

金　柔道　　女子61キロ級　　恵本 裕子
　　　柔道　　男子71キロ級　　中村 兼三
　　　柔道　　男子60キロ級　　野村 忠宏

銀　ヨット　女子470級　　　重 由美子、木下 百合江 アリーシア
　　　柔道　　女子72キロ級　　田辺 陽子
　　　　　　　男子78キロ級　　古賀 稔彦
　　　　　　　男子65キロ級　　中村 行成
　　　　　　　女子48キロ級　　田村 亮子
　　　野球　　男子　　　　　　森 昌彦、木村 重太郎、森中 聖雄、小野 仁、
　　　　　　　　　　　　　　　黒須 隆、野島 正弘、今岡 誠、福留 孝介、
　　　　　　　　　　　　　　　高林 孝行、西郷 泰之、杉浦 正則、川村 丈夫、
　　　　　　　　　　　　　　　三澤 興一、大久保 秀昭、桑元 孝雄、
　　　　　　　　　　　　　　　松中 信彦、井口 忠仁、中村 大伸、佐藤 友昭、
　　　　　　　　　　　　　　　谷 佳知

銅　陸上競技　女子マラソン　　有森 裕子
　　　水泳　　シンクロ・チーム　立花 美哉、神保 れい、高橋 馨、田中 順子、
　　　　　　　　　　　　　　　河邉 美穂、川瀬 晶子、武田 美保、藤井 来夏、
　　　　　　　　　　　　　　　中島 理帆、藤木 麻祐子
　　　レスリング　フリースタイル74キロ級　太田 拓哉
　　　自転車　男子1キロタイムトライアル　十文字 貴信
　　　柔道　　女子52キロ級　　菅原 教子

夏季オリンピックの名言集①

●「今まで生きたなかで一番幸せです。」
1992年、バルセロナ五輪で競泳女子200m 平泳ぎで金メダルを獲得した岩崎恭子のことば。

●「途中でコケちゃいました。」
1992年、バルセロナ五輪の男子マラソンで谷口浩美が転倒のアクシデントで 8 位に。レース後のインタビューで。

●「初めて自分で自分をほめたいと思います。」
1996年アトランタ五輪の女子マラソンで銅メダルを獲得した有森裕子のレース後のインタビューで。

第27回 2000年 シドニー 夏季大会

開催都市　オーストラリア・シドニー
開催期間　9月15日〜10月1日
参加国・地域数　199
参加選手数　10651
種目数　300

世紀の大誤審で篠原、銀メダル

柔道男子100キロ超級で、篠原信一が幻の一本で銀メダルに終わった。フランスのダビド・ドゥイエとの決勝で、篠原はドゥイエの内股をかわしながら内股すかしで返した。その瞬間、誰もが篠原の一本を確信、篠原もガッツポーズを決めたが、しかし審判はドゥイエの有効を宣告。篠原のアピールも認められず試合は続行され、ポイント2−1でドゥイエの優勢勝ちとなり、篠原は幻の金メダルに涙をのんだ。世紀の大誤審といわれたが、試合終了後のインタビューで篠原は「審判もドゥイエも悪くない。誤審？全て自分が弱いから負けたんです」と語った。

競泳で100mを2分近くかけて泳いだムサンバニ選手

競泳男子100m自由形予選で、赤道ギニアのエリック・ムサンバニ選手がまるで溺れているような泳ぎ方で1分52秒72というワースト記録で泳ぎ注目を浴びた。水泳を始めて8か月のムサンバニは、大会に臨むまで50mのプールを見たことがなく、ターンの練習もほとんどしたことがなかった。シドニー大会では水泳に各国男女1名ずつ参加するというルールが設けられていて、彼のような選手が出場した背景があった。ぎこちなくも最後まであきらめずに泳ぎきったムサンバニは観衆に感動を与え、一躍人気者になった。

かぜ薬に禁止薬物反応

体操女子個人総合で優勝したルーマニアのアンドレーア・ラドゥカン選手が、ドーピング検査により、チームドクターが処方した風邪薬から禁止薬物の反応が出たため金メダルをはく奪された。これにより、順位が繰り上がる選手は、2位、3位もルーマニアの選手だったため、抗議の意味を込めてメダル拒否を表明した。

金 日本の女子陸上で史上初の金メダリスト

高橋尚子(たかはしなおこ)

2000年
第27回シドニー大会

プロフィール
生年月日：1972年5月6日
出身：岐阜県
種目：マラソン

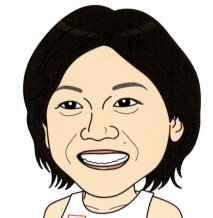

エピソード
小出監督のヒゲ

ヒゲもじゃで汚いといわれたがヒゲを剃らなかった小出監督。オリンピックで金メダルを取ったらヒゲを剃る約束をしていたので実行。右半分を高橋が剃り、左は他の選手が剃ったという。アトランタ大会前にも有森裕子に同じように約束したが、銅メダルだったので実現しなかった。

金 柔道女子で、史上初の5大会連続メダル獲得

田村亮子
（た む ら りょう こ）
（現・谷亮子）

2000年
第27回シドニー大会

プロフィール
生年月日：1975年9月6日
出身：福岡県
種目：柔道

エピソード
柔道のきっかけ

小さいころから抜群の運動神経で、2歳のときにはすでに自転車に乗れたという。小学2年生のとき、兄が柔道をする姿を見学し、そこで女の子が男の子を投げているのを見てびっくりして柔道をやりたくなった。入門して4か月後、はじめての試合で背負い投げで5人の男子に勝ち金メダルを獲得。そのうち2人は脳しんとうを起こして救急車で運ばれた。

金 — 5試合すべて一本勝ちで金メダルを獲得

井上康生（いのうえこうせい）

2000年 第27回シドニー大会

プロフィール
- 生年月日：1978年5月15日
- 出身：宮崎県
- 種目：柔道

エピソード

子供の頃の夢

小学校6年生の時、全国少年柔道大会で優勝。宮崎県の実家でテレビ局のインタビューを受けた康生は「オリンピックで金メダルを取って日の丸を一番高い所に掲げたい」と将来の夢を語った。

母の遺影を抱いて

試合では前年の6月に亡くなった母の名を縫い込んだ黒帯を締め、父が抱く遺影に見守られながら5試合すべて1本勝ちで優勝。表彰式では母の遺影を取り出して「日本一の母にしたかった」と、両手で掲げた。

117

チーム、デュエットで2大会連続の銀メダル

武田美保
（たけだみほ）

2000年
第27回シドニー大会

プロフィール
生年月日：1976年9月13日
出身：京都府
種目：シンクロナイズドスイミング

エピソード
シンクロで五輪初の銀メダル

スイミングコーチにすすめられて7歳からシンクロを始める。
立花美哉と組んだシンクロのデュエットフリールーティン決勝。「和と洋」をテーマにした華麗な演技で高得点をあげ、日本シンクロでは初となる銀メダルを獲得。次のアテネ大会でも立花とのコンビで2大会連続銀メダルを獲得した。チームでもシドニー、アテネと2大会連続で銀メダルに輝いた。

武田とともにシンクロで通算5つのメダルを獲得（銀4銅1）

立花美哉（たちばなみや）

2000年
第27回シドニー大会

プロフィール

生年月日：1974年12月12日
出身：滋賀県
種目：シンクロナイズドスイミング

エピソード
メダル

母にすすめられ、9歳からシンクロナイズドスイミングを始める。股関節を柔らかくするため、泣きながらストレッチングをした。1994年の世界選手権では奥野史子とコンビを組んで2位になった。
アトランタ大会ではチームで銅メダルを獲得。シドニー、アテネ大会ではチーム、デュエットと2大会連続で銀メダルを獲得し、オリンピックでは武田美保とともに通算5つのメダルを獲得した。
2001年に行われた世界水泳選手権では、武田とコンビを組み、日本のシンクロ史上初となる金メダルに輝いた。

シドニーで活躍したアスリートたち

陸上競技

ハイレ・ゲブレセラシェ（エチオピア）

「皇帝」が陸上1万m連覇

　陸上男子1万mでアトランタ大会に続き2連覇を達成。同種目では世界選手権で4連覇。その後、マラソンに転向。ベルリン・マラソンで2度の世界記録を残した。金メダル再有力候補といわれた2008年の北京大会では、北京の大気汚染を理由にマラソンを欠場した。

陸上競技

キャシー・フリーマン（オーストラリア）

開会式の聖火走者金メダル

　陸上女子400mで、緑と白を基調にした頭までかぶせたフルボディースーツで走り49秒11で優勝。金メダルに輝いた後オーストラリアとアボリジニの2つの旗を手にして、裸足で場内を一周した。大会で聖火をともして金メダルを獲得した選手は彼女だけである。

サングラス秘話

高橋尚子がレース30キロ付近でかけていたサングラスを投げた瞬間、スパートの合図かといわれたが、実際はこめかみのあたりが締めつけられずっとサングラスを取りたいと思っていての行動だった。高価なサングラスだったのでその辺には捨てたくなかったという。30キロ地点にいるはずの監督がいなかったが、道の反対側の歩道に父がいるのを見つけた。そのまま投げると隣にいるシモン選手（銀メダル）に当たって走路妨害になってしまうので、前にでて父に向かって投げた。サングラスの行方が気になって見たら、中継バイクに当たって跳ね返って戻ってきてしまった。ショックだったが、その瞬間にシモンが離れてるのが確認でき、今がスパートかな？と判断したという。

第 27 回　シドニー夏季大会　2000
・メダリスト一覧・

金	陸上競技	女子マラソン	高橋 尚子
	柔道	男子60キロ級	野村 忠宏
		男子81キロ級	瀧本 誠
		男子100キロ級	井上 康生
		女子48キロ級	田村 亮子

銀	水泳	競泳・女子100m 背泳ぎ	中村 真衣
		競泳・女子400m 個人メドレー	田島 寧子
		シンクロ・女子デュエット	立花 美哉、武田 美保
		シンクロ・女子チーム	立花 美哉、武田 美保、藤井 来夏、神保 れい、
			米田 祐子、磯田 陽子、江上 綾乃
	レスリング	グレコローマンスタイル69キロ級	
			永田 克彦
	柔道	男子100キロ超級	篠原 信一
		女子52キロ級	楢崎 教子
	ソフトボール　女子		石川 多映子、田本 博子、斎藤 春香、増淵 まり子、藤井 由宮子、
			山田 美葉、伊藤 良恵、松本 直美、宇津木 麗華、小林 良美、
			小関 しおり、高山 樹里、内藤 恵美、安藤 美佐子、山路 典子

銅	水泳	競泳・女子200m 背泳ぎ	中尾 美樹
		競泳・女子4×100m メドレーリレー	
			中村 真衣、田中 雅美、大西 順子、源 純夏
	柔道	女子57キロ級	日下部 基栄
		女子78キロ超級	山下 まゆみ
	テコンドー	女子67キロ級	岡本 依子

幻の金メダリスト
女子陸上の山内リエ

1936年、山内リエ選手は14歳で走り高跳びの日本記録を樹立、40年に開催予定だった東京五輪の金メダル候補として注目されたが、戦争によって大会は中止に。戦後、競技に復帰した山内は次々と日本記録を樹立し、47年には走り幅跳びで日本人女子選手として初めて6mを突破する日本新記録を樹立

した。この年の世界ランク1位記録であったため、48年のロンドン大会に期待が高まった。しかし、敗戦国という理由でロンドン大会は日本の参加が認められず、金メダル確実といわれた山内選手の夢は断たれた。

山内リエ
（陸上競技）
1922年2月15日～2000年10月8日

第28回 2004年 アテネ 夏季大会

開催都市　ギリシャ・アテネ
開催期間　8月13日〜8月29日
参加国・地域数　201
参加選手数　10625
種目数　301

男子マラソンに乱入者

男子マラソンでトップを走っていたブラジルのバンデルレイ・デリマだったが、36キロ付近で不審者がコースに乱入し、彼は乱入者に抱きつかれて歩道に押し出されるという走行妨害を受けた。大きくリズムを崩し、約10秒のロスで順位を下げたが、3位で完走を果たした。

レース後の会見で「完走でき、メダルが獲得できたことがなによりうれしい。この銅メダルは、まだ私が金メダルを取ってはいけないという神からの試練なんです」と語った。引退後、デリマは2016年のリオデジャネイロ大会の開会式で聖火リレー最終走者を務めた。

20年ぶりにメダルを獲得

アーチェリー男子個人で、41歳の山本博選手が1984年ロサンゼルス大会で銅メダルを獲得して以来、20年ぶりにメダルを獲得。ロサンゼルス大会以後、3大会連続でオリンピックに出場してきたが、前回のシドニー大会では国内最終選考会に落選。引退も考えたが、アテネ大会で再び代表に選ばれ20年越しのメダル。ロサンゼルス大会よりひとつ上の銀メダルに輝いた山本は「20年かけて銀なので、あと20年かけて金を目指します」と語った。

体操ニッポンが復活

日本の体操男子団体が復活した。日本は5種目を終えて首位のルーマニアにわずかな差で2位につけた。最終種目の鉄棒で米田功、鹿島丈博、冨田洋之が高得点を出し、劇的な逆転勝ち。1976年モントリオール大会以来28年ぶりとなる金メダルを獲得した。

金 柔道史上初のオリンピック3連覇を記録
野村忠宏（のむらただひろ）
2004年 第28回アテネ大会

プロフィール
- 生年月日：1974年12月10日
- 出身：奈良県
- 種目：柔道

エピソード
スポーツ新聞の一面

3大会連続で金メダルの偉業を果たした野村だが、次の日のスポーツ新聞の一面はすべて同じ日に試合が行われた女子柔道の谷亮子の試合が掲載された。まだ無名だったアトランタ大会では、「田村（当時）、まさかの銀メダル」と一面に載り、2連覇のシドニー大会では、「田村が悲願の金メダル」と掲載。アテネ大会の3連覇の偉業達成も、一面は「谷でも金メダル！」と掲載され、単独で一面を飾ることはなかった。

金 男子ハンマー投げで日本選手初の金メダル獲得

室伏広治（むろふしこうじ）

2004年 第28回アテネ大会

プロフィール
- 生年月日：1974年10月8日
- 出身：静岡県
- 種目：ハンマー投げ

エピソード　体幹の強い赤ちゃん？

父親、室伏重信も「アジアの鉄人」と呼ばれていたハンマー投げの選手。息子の広治に破られるまでハンマー投げの日本記録を持っていた。
重信によると、広治が生後4か月の頃、物干し竿に捕まらせてみたら、そこにぶら下がって懸垂のようなことをしたり、寝転がっている広治を「広ちゃん」と呼んだら、腹筋を使って起き上がったという。

金 体操団体総合で28年ぶりの金メダルを獲得

冨田洋之(とみたひろゆき)

2004年 第28回アテネ大会

プロフィール
生年月日：1980年11月21日
出身：大阪府
種目：体操

エピソード
団体戦最後の演技者

男子体操団体の最終6種目目に登場した冨田洋之。NHK刈屋富士雄アナウンサーの「伸身の新月面が描く放物線は栄光への架け橋だ！」の名実況が話題になったが、冨田自身は着地が完璧ではなかったと語っている。

◆アテネ大会金メダルの団体総合メンバー

冨田洋之
米田功
鹿島丈博
中野大輔
水鳥寿思
塚原直也

金 日本人初の女子自由形金メダル
柴田亜衣（しばたあい）

2004年
第28回アテネ大会

プロフィール
生年月日：1982年5月14日
出身：徳島県
種目：水泳

エピソード
故郷で争奪戦

それまで日本選手権の優勝経験なしでオリンピック800m自由形を制した。大本命のロール・マナドゥ（フランス）を中盤過ぎから追い上げ、日本人初の女子自由形の金メダルを獲得。この快挙に、在住の鹿児島県と育った徳島県との間で「柴田の故郷はうちだ！」と争奪戦が勃発した。

金 野口みずき（のぐち）

2大会連続で女子マラソン金メダルを獲得

2004年
第28回アテネ大会

プロフィール
生年月日：1978年7月3日
出身：三重県
種目：マラソン

エピソード

レース前にツチノコを見て優勝!?

小柄な体をめいいっぱいに使って150cmの身長とほぼ同じストライドで弾むように走るのが特徴。練習量は誰よりも多く1か月間で多いときには1350kmも走り込んだという。
走り過ぎの影響ではないと思うが、

レース前に幻の生物や物体を目撃すると好結果が出るという。アテネ大会の前にはツチノコを目撃したといい、その他にもUFOや空飛ぶペンギンを見たことがあると真顔で話していた。
座右の銘は「走った距離は裏切らない」。

アテネで活躍したアスリートたち

 棒高跳び

エレーナ・イシンバエワ（ロシア）
棒高跳びの女王

　女子棒高跳びで、前年の世界選手権で敗れたロシアのスベトラーナ・フェオファノワと優勝争いを演じ、4m91の世界新記録をマークして金メダルを獲得。次の北京大会では、アメリカのジェニファー・スタチンスキとの一騎討ちを演じ、4m85で優勝、2大会連続の金メダルを獲得。2012年のロンドン大会では足の負傷もあり、銅メダルに終わり、オリンピック3連覇は果たせなかった。自己ベストは2009年に出した5m06。世界記録を28度も更新した。

 水泳

イアン・ソープ（オーストラリア）
2大会で5つの金メダルを獲得

　シドニー大会では400m自由形、400mリレー、800mリレーの3種目で金メダルを獲得、3冠に輝いたイアン・ソープ。アテネ大会では男子200m自由形、400m自由形で2冠を達成。なかでも200mの決勝はシドニー大会の覇者ピーター・ファン・デン・ホーヘンバンド（オランダ）、超人マイケル・フェルプス（アメリカ）、世界記録保持者のソープの3強対決に注目が集まり、彼は前回2着のリベンジを果たして優勝。オリンピック2大会で通算5つ目の金メダルに輝いた。

メダルを噛むポーズ

　オリンピックで日本人としては初めてメダルを噛むポーズをやったのはアトランタ大会での野村忠宏だといわれている。しかし、野村は中村兼三選手が先にやったといい、誰が最初かは不明になっている。

第28回　アテネ夏季大会　2004
・メダリスト一覧・

金
陸上競技	女子マラソン	野口 みずき
	男子ハンマー投げ	室伏 広治
水泳	競泳・男子100m平泳ぎ	北島 康介
	競泳・男子200m平泳ぎ	北島 康介
	競泳・女子800m自由形	柴田 亜衣
体操	体操競技・男子団体総合	
	米田 功、冨田 洋之、	
	水鳥 寿思、塚原 直也、	
	鹿島 丈博、中野 大輔	
レスリング	女子フリースタイル55キロ級	吉田 沙保里
	女子フリースタイル63キロ級	伊調 馨
柔道	男子60キロ級	野村 忠宏
	男子66キロ級	内柴 正人
	男子100キロ超級	鈴木 桂治
	女子48キロ級	谷 亮子
	女子63キロ級	谷本 歩実
	女子70キロ級	上野 雅恵
	女子78キロ級	阿武 教子
	女子78キロ超級	塚田 真希

銀
水泳	競泳・男子200mバタフライ	山本 貴司
水泳	シンクロナイズドスイミング・シンクロデュエット	
	立花 美哉、武田 美保	
	シンクロナイズドスイミング・シンクロチーム	
	立花 美哉、武田 美保、	
	巽 樹理、原田 早穂、	
	鈴木 絵美子、藤丸 真世、	
	米田 容子、川嶋 奈緒子、	
	北尾 佳奈子	
体操	体操競技・男子種目別平行棒	冨田 洋之
レスリング	女子フリースタイル48キロ級	伊調 千春
自転車	男子チームスプリント	伏見 俊昭、
		長塚 智広、
		井上 昌己
柔道	男子90キロ級	泉 浩
	女子52キロ級	横澤 由貴
アーチェリー	男子個人	山本 博

銅
水泳	競泳・男子100m背泳ぎ	森田 智己
	競泳・女子200mバタフライ	中西 悠子
	競泳・女子200m背泳ぎ	中村 礼子
	競泳・男子4×100mメドレーリレー	
	森田 智己、北島 康介、	
	山本 貴司、奥村 幸大	
体操	体操競技・男子種目別あん馬	鹿島 丈博
	体操競技・男子種目別鉄棒	米田 功
レスリング	男子フリースタイル55キロ級	田南部 力
	男子フリースタイル60キロ級	井上 謙二
	女子フリースタイル72キロ級	浜口 京子
セーリング	男子470級	
	関 一人、轟 賢二郎	

ソフトボール
宇津木 麗華、坂本 直子、
乾 絵美、上野 由岐子、
伊藤 良恵、岩渕 有美、
三科 真澄、髙山 樹里、
内藤 恵美、佐藤 由希、
佐藤 理恵、坂井 寛子、
斎藤 春香、山田 恵里、
山路 典子

野球
三浦 大輔、小林 雅英、
岩瀬 仁紀、黒田 博樹、
上原 浩治、清水 直行、
石井 弘寿、安藤 優也、
松坂 大輔、和田 毅、
岩隈 久志、城島 健司、
相川 亮二、宮本 慎也、
木村 拓也、中村 紀洋、
小笠原 道大、金子 誠、
藤本 敦士、和田 一浩、
村松 有人、谷 佳知、
高橋 由伸、福留 孝介

第29回 2008年 北京 夏季大会

開催都市　中国・北京
開催期間　8月8日～8月24日
参加国・地域数　204
参加選手数　10942
種目数　302

判定に激怒し審判をキック

男子テコンドーで、キューバのアンヘル・マトスは3位決定戦の試合中に左足を負傷。テコンドーの治療時間は1分と決められていて、これを超過したとして失格に。この判定に激怒したマトスはスウェーデンの審判の顔面に蹴りを入れるという暴挙に出た。マトスは世界テコンドー連盟から永久追放処分に。

口パク少女が話題に

北京大会の開会式で、かわいらしい9歳の少女が真っ赤なワンピース姿で愛国ソングを披露。しかし、実際は別の7歳の少女が歌った口パクだったことが判明。世界中で話題になって「口パク少女」と呼ばれた。

史上最年長の日本代表

馬術の法華津寛選手が史上最年長の67歳で日本代表に選ばれた。1964年、23歳で東京オリンピックに出場。定年退職後、44年ぶり2度目となるオリンピック出場を果たした。次のロンドン大会にも出場、自身の日本記録を塗り替える71歳での出場となった。

男子トラック、初のメダル

陸上男子400mリレーで、日本男子トラック初のメダルを獲得した。予選ではバトンミスが相次ぎ、16チーム中6チームが棄権または失格となる波乱になった。前回大会の3強であるイギリス、アメリカ、ナイジェリアも姿を消し、日本は全体の3位で決勝進出を決めた。塚原直貴、末續慎吾、高平慎士、朝原宣治の見事なバトンパスでジャマイカ（後に失格）、トリニダード・トバゴに次いで3着でゴールし、銅メダル（後に繰り上げ、銀メダル）を獲得した。

金

競泳平泳ぎで日本人史上初の2種目2連覇を達成

北島康介
きたじまこうすけ

2008年
第29回北京大会

プロフィール
生年月日：1982年9月22日
出身：東京都
種目：水泳

エピソード

幼少期
5歳から水泳を始める。親にいわれてイヤで通っていた学習塾を辞めるいいわけで、水泳を真剣にやったという。中学2年生のとき、東京スイミングセンターの平井伯昌コーチにその才能を見出され「オリンピックで金メダルを取ろう」と声をかけられた。

名言
アテネ大会で金メダルを獲得したときのインタビューでは「チョー気持ちいい」とコメント。続く北京大会で金メダルを獲得した時は「何も言えねぇ」とコメントし、インタビューの発言も話題になった。

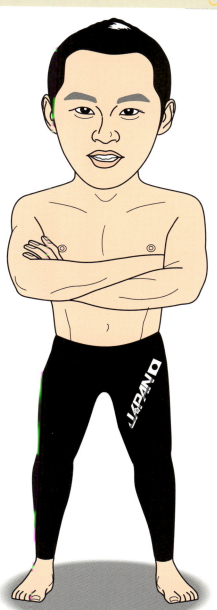

金 五輪初出場で男子100キロ超級金メダル獲得

石井 慧(いしい さとし)

2008年
第29回北京大会

プロフィール
生年月日：1986年12月19日
出身：大阪府
種目：柔道

エピソード

愛犬「ベベ」
これまで実家で犬を20匹飼うほどのペット好き。動物厳禁の大学寮で、マラソンの金メダリストで知られるアベベから名付けた「ベベ」を飼っていたことがバレてしまい実家へ強制送還されてしまった。

尊敬する人物
戦国武将の上杉謙信。「刀八毘沙門天」の旗を掲げていたことでも知られ、石井の柔道着にも「刀八毘沙門天」と刺しゅうされている。

132

金

柔道史上初の2大会連続オール一本勝ちで金メダル

谷本歩実（たにもとあゆみ）

2008年
第29回北京大会

プロフィール
生年月日：1981年8月4日
出身：愛知県
種目：柔道

エピソード

2大会すべて一本勝ち

女子柔道63キロ級に出場し、アテネ大会に続き2大会連続で金メダルを獲得。しかも前回のアテネ大会から全11試合すべてオール一本での完全勝利。2大会連続オール一本勝ちは史上初の快挙。

八丁味噌

小さい頃から慣れ親しんだ味が八丁味噌。海外遠征でも持参し、日本で食べているみそ汁を再現していた。アテネ大会、北京大会でも勝負飯にしたという。

133

金 伝説の「413球」で女子ソフトボール悲願の金メダルを獲得

上野由岐子（うえのゆきこ）

2008年
第29回北京大会

プロフィール
生年月日：1982年7月22日
出身：福岡県
種目：ソフトボール

エピソード

小学生でエース

幼少の頃から身体能力がずば抜けていて、小学校時代はマラソンでオリンピック出場を目指し自宅と学校の往復4キロをランニングしていた。
その姿を見たソフトボール部の監督に誘われ、小学3年でソフトボールを始める。男子にまじり、小学校でエースになった。

413球

準決勝、3位決定戦、決勝とメダルのかかった大一番の3試合、2日間で413球を投げ抜き、3連覇中だったアメリカを破って悲願の金メダルを獲得。
この年の新語・流行語大賞で「上野の413球」が審査員特別賞を受賞して話題になった。

銅 日本競泳女子で2大会連続メダル獲得は前畑秀子以来72年ぶり！

中村礼子
なかむられいこ

2008年
第29回北京大会

プロフィール
生年月日：1982年5月17日
出身：神奈川県
種目：水泳

エピソード

悩みだしたら止まらない

性格は「極端な二面性」と自ら語っている。強情な一方で、悩みだしたら止まらないそうで、気に入った服を見つけ、買おうか買うまいかで悩み、その洋服屋に3日間続けて通いつめたこともあったという。

72年ぶりの快挙！

競泳女子での2大会連続メダルは前畑秀子以来の快挙だった。アテネ大会で銅メダルを獲得し、メダリストになった後も黙々と努力を積み重ね、1回10000m近くの泳ぎ込みを続けた。

135

日本フェンシング史上初となる銀メダルを獲得

太田雄貴（おおたゆうき）

2008年
第29回北京大会

プロフィール
生年月日：1985年11月25日
出身：滋賀県
種目：フェンシング

エピソード

きっかけ
少年時代に「怪傑ゾロ」に憧れて、高校、大学とフェンシングをしてきた父親は3人の子供にもフェンシングをさせたいと思ったが、長男と長女に嫌がられ、末っ子の雄貴に「スーパーファミコンを買ってあげるから」といってフェンシングをさせた。

ニート剣士
オリンピックの年の春、大学を卒業したが就職せずこの大会にかけていた。友達からはニート呼ばわりされながらも銀メダルを獲得した。

アテネ、北京で2大会連続の銅メダルを獲得

浜口京子
はまぐちきょうこ

2008年
第29回北京大会

プロフィール
生年月日：1978年1月11日
出身：東京都
種目：レスリング

エピソード

父はアニマル浜口

「気合いだー！」を連呼する父は元人気プロレスラーのアニマル浜口。幼少の頃から母にプロレス会場に連れられて父の試合を観戦した。

水泳

レスリングを始める前は水泳をやっていて、将来は水泳のオリンピック選手になるのが夢だった。しかし、中学の頃、周りのレベルの高さに挫折し練習もサボりがちになり、水泳よりも父のようなプロレスラーになりたいという気持ちが強くなり、レスリングを始めた。

北京で活躍したアスリート

2008年 第29回 北京大会

マイケル・フェルプス
水泳男子

生年月日：1985年6月30日
出身：アメリカ　種目：水泳

フェルプスが8冠獲得

「水の怪物」の異名を持つマイケル・フェルプス（アメリカ）が、オリンピック史上初となる1大会で8個の金メダル獲得を達成した。

200m自由形、200mバタフライ、200m個人メドレー、400m個人メドレー、4×100mフリーリレー、4×200mフリーリレー、4×100mメドレーリレーの7種目が世界新記録での金メダル。100mバタフライはオリンピック新記録での金メダルだった。

2016年リオデジャネイロ大会まででオリンピックで獲得したメダルの数は史上1位となる通算28個。そのうち金メダルは通算23個を獲得している。

第29回　北京夏季大会　2008
・メダリスト一覧・

金 水泳　　競泳・男子200m 平泳ぎ　北島 康介
　　　　　　競泳・男子100m 平泳ぎ　北島 康介
　　レスリング 女子フリースタイル55キロ級　吉田 沙保里
　　　　　　女子フリースタイル63キロ級　伊調 馨
　　柔道　　　男子66キロ級　　内柴 正人
　　　　　　　男子100キロ超級　石井 慧
　　　　　　　女子63キロ級　　谷本 歩実
　　　　　　　女子70キロ級　　上野 雅恵
　　ソフトボール　　　　　　　上野 由岐子、江本 奈穂、坂井 寛子、
　　　　　　　　　　　　　　　染谷 美佳、乾 絵美、峰 幸代、伊藤 幸子、
　　　　　　　　　　　　　　　佐藤 理恵、藤本 索子、西山 麗、廣瀬 芽、
　　　　　　　　　　　　　　　三科 真澄、狩野 亜由美、馬渕 智子、山田 恵里

銀 陸上競技 男子 4 ×100m リレー　塚原 直貴、末續 慎吾、髙平 慎士、朝原 宣治
　　体操　　　体操競技・男子団体　冨田 洋之、内村 航平、坂本 功貴、鹿島 丈博、
　　　　　　　　　　　　　　　　沖口 誠、中瀬 卓也
　　　　　　　体操競技・男子個人総合　内村 航平
　　レスリング 男子フリースタイル55キロ級　松永 共広
　　　　　　男子フリースタイル60キロ級　湯元 健一
　　　　　　女子フリースタイル48キロ級　伊調 千春
　　フェンシング 男子フルーレ個人　太田 雄貴
　　柔道　　　女子78キロ超級　塚田 真希

銅 水泳　　競泳・男子200m バタフライ　松田 丈志
　　　　　　競泳・男子 4 ×100m メドレーリレー
　　　　　　　　　　　　　　　　宮下 純一、北島 康介、藤井 拓郎、佐藤 久佳
　　　　　　競泳・女子200m 背泳ぎ　中村 礼子
　　　　　　シンクロナイズドスイミング・デュエット
　　　　　　　　　　　　　　　　原田 早穂、鈴木 絵美子
　　レスリング 女子フリースタイル72キロ級　浜口 京子
　　自転車　　男子ケイリン　　永井 清史
　　柔道　　　女子48キロ級　　谷 亮子
　　　　　　　女子52キロ級　　中村 美里

139

第 **30** 回
2012年
ロンドン
夏季大会

開催都市　イギリス・ロンドン
開催期間　7月27日～8月12日
参加国・地域数　204
参加選手数　10568
種目数　302

豪華な開会式

開会式は映画監督のダニー・ボイルが総合演出を手掛けた。サッカーのデビット・ベッカム、歌手のポール・マッカートニー、ハリー・ポッターの作者、J・K・ローリング、コメディー「ミスター・ビーン」で知られる俳優、ローワン・アトキンソンなど、英国の世界的著名人が続々と登場。スパイ映画「007」のボンド役、ダニエル・クレイグがエリザベス女王（もちろんスタントマン）とヘリに乗り込み、パラシュートでスタジアムに舞い降りる映像に会場が沸いた。

開会式で謎の女性

開会式の入場行進で、インドの選手団に全く関係のない女性が紛れ込んでいたことが話題になった。その女性はインド・バンガロール出身で、ロンドン在住の大学院生。開会式に行われたショーのダンサーとして参加していた。開会式に感動した彼女は自国選手団に飛び入り参加してしまったという。

ボルトにボトル!?

陸上の男子100m決勝のスタート時、ボトルを投げ込んだ男性がいた。投げられたボトルは第5レーンの後ろに落ちた。その男性の隣にいたのは柔道女子70キロ級で銅メダルを獲得したオランダのエディト・ボス選手で、男がボトルを投げた瞬間、反射的に平手で男を押して取り押さえた。この騒動のせいで楽しみにしていた100mを見逃してしまい、ショックをうけたという。

誘導ミスで日本選手団が退場！

開会式の入場行進で、誘導ミスで日本人選手団が途中退場させられる事態に。日本選手団はトラックを半周したところで脇の出口に誘導され、そのまま出て行ってしまった。

金 オリンピック3大会連続で金メダルを獲得

吉田沙保里（よしださおり）

2012年 第30回ロンドン大会

エピソード

「沙保里」の由来はアイドルから

可愛い名前にしたいと考えた母親が「さおり」は南沙織から、「保」は河合奈保子から一字もらったという。

金メダル

父は3歳からレスリングを教えてくれた恩師。5歳の時、同じ年の男の子に負け、その子が大会で優勝して金メダルをもらった。父に「私も金メダルが欲しい」とねだったが、「金メダルはスーパーに売っとらん。いっぱい勝たないともらえないんだよ」と言われた。

プロフィール

生年月日：1982年10月5日
出身：三重県
種目：レスリング

金

ロンドン大会、日本柔道で男女合わせて唯一の金獲得

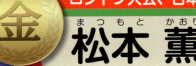
松本 薫（まつもと かおり）

2012年
第30回ロンドン大会

プロフィール
生年月日：1987年9月11日
出身：石川県
種目：柔道

エピソード

ニックネーム
試合前、畳に上がる直前に大きくジャンプし、相手を鋭い眼光でにらむ姿から「野獣」と呼ばれた。本人は「野獣はイヤ。もののけ姫と呼んでください」と言っていた。世界のメディアからは「アサシン（殺し屋）」と呼ばれたことも。

大の甘党
ロンドン五輪での金メダルの報奨金の使い道について「ビックパフェが食べたい」と言い、一日4食のパフェを食べたこともあるほどの大の甘党。

金 桜井孝雄(バンタム級)以来48年ぶりの金メダル獲得

村田諒太(むらたりょうた)

2012年
第30回ロンドン大会

プロフィール

生年月日：1986年1月12日
出身：奈良県
種目：ボクシング

エピソード

きっかけ

中学生のとき、金髪で登校したところ、担任の先生に呼び出され「何かやりたいことはないのか？」と言われ「ボクシングやったらやるわ」と答えたことがボクシングを始めるきっかけに。

銀 — 2大会連続、団体でメダルを獲得

福原 愛（ふくはら あい）

2012年
第30回ロンドン大会

プロフィール
- 生年月日：1988年11月1日
- 出身：宮城県
- 種目：卓球

エピソード

泣き虫愛ちゃん
3歳で卓球を始め、「天才少女」としてメディアに取り上げられて人気者に。失点すると、試合中に泣き出すことから「泣き虫愛ちゃん」と呼ばれた。また、感動しそうな本を読んで泣くのがストレス解消法だという。

卓球人気
それまで卓球といえば「ネクラ」のスポーツといわれたが、彼女の登場により、卓球人気に火がついた。世界選手権がテレビの地上波で生中継されるなど、卓球のイメージが変わった。

銀 石川佳純(いしかわかすみ)

2大会連続、団体でメダルを獲得

2012年 第30回ロンドン大会

プロフィール
生年月日：1993年2月23日
出身：山口県
種目：卓球

エピソード

卓球家族
父はミックスダブルスの日本代表選手、母は実業団所属の選手だったため、自然と卓球に興味を持ち小学校1年生で卓球を始めた。自宅に作った卓球場で毎日2時間ラケットを振り、小学校の卒業文集には将来の夢はオリンピックに出ること、世界で活躍する選手になりたいと書いた。

忘れ物
忘れ物が多い。卓球代表のユニフォームを忘れて福原愛選手のユニフォームを借りて試合に出たり、代表のゼッケンを忘れ、手書きで作ったことも。

145

銀 — 日本女子サッカー初のメダル獲得

澤 穂希（さわ ほまれ）

2012年 第30回ロンドン大会

プロフィール
- 生年月日：1978年9月6日
- 出身：東京都
- 種目：サッカー

エピソード／怪我

オリンピックの前になると怪我をする。アテネ大会の前は右ヒザ靭帯損傷の重傷を負い、ロンドン大会前は「良性発作性頭位めまい症」という病に襲われた。急にめまいがして立てなくなり、寝ようとしても眠れず、目が回り靴ひももうまく結ぶことができなくなったという。

◆ロンドンオリンピックのなでしこメンバー

福元美穂	GK	海堀あゆみ	GK
近賀ゆかり	DF	矢野喬子	DF
岩清水梓	DF	鮫島彩	DF
熊谷紗希	DF		
澤穂希	MF	宮間あや	MF
川澄奈穂美	MF	阪口夢穂	MF
田中明日菜	MF		
安藤梢	FW	丸山桂里奈	FW
大野忍	FW	大儀見優季	FW
高瀬愛実	FW	岩渕真奈	FW

ロンドンで活躍したアスリート

金 水泳

メリッサ・フランクリン (アメリカ)

女フェルプスといわれた17歳が4冠！

185cm75kgと恵まれた体格で得意の背泳ぎにとどまらず自由形や個人メドレーもこなす万能スイマー。200m背泳ぎで2分04秒06の世界新記録で制し、100m背泳ぎ、4×100mメドレーリレー、4×200mフリーリレーでも金メダルを獲得し4冠を達成。4×100mフリーリレーでは銅メダルを獲得し、1大会で合計5つのメダルを獲得。「女フェルプス」「ミサイル・ミッシー」の異名を持つ。

金メダリストの世界チャンピオン

ロンドン大会で桜井孝雄（バンタム級）以来の金メダリストになった村田は、大会後に世界チャンピオンに挑戦。世界王者初挑戦のWBA世界ミドル級王座決定戦では、疑惑の判定負け（村田を負けとしたジャッジ2人は6か月資格停止処分に）もWBA会長が再戦を指示。次の試合でWBA世界ミドル級タイトルを獲得して、日本ボクシング史上初の五輪金メダリストと世界チャンピオンを手にした。

夏季オリンピックの名実況②

- 「伸身の新月面が描く放物線は、栄光への架け橋だ」
  2004年アテネ五輪、日本体操男子団体金メダル。

- 「冨田が冨田であることを証明すれば日本は勝ちます」
  2004年アテネ五輪、日本体操男子団体金メダル

第30回 ロンドン夏季大会 2012
・メダリスト一覧・

金 ボクシング 男子ミドル75キロ級　村田 諒太
体操　体操競技・男子個人総合　内村 航平
レスリング 女子フリースタイル48キロ級　小原 日登美
　　　　　女子フリースタイル63キロ級　伊調 馨
　　　　　女子フリースタイル55キロ級　吉田 沙保里
　　　　　男子フリースタイル66キロ級　米満 達弘
柔道　女子57キロ級　松本 薫

銀 水泳　競泳・女子200m 平泳ぎ　鈴木 聡美
　　　競泳・男子200m 背泳ぎ　入江 陵介
水泳・男子4×100m メドレーリレー
　　　　入江 陵介、北島 康介、
　　　　松田 丈志、藤井 拓郎
サッカー 女子
　　　　鮫島 彩、岩清水 梓、
　　　　熊谷 紗希、近賀 ゆかり、
　　　　宮間 あや、阪口 夢穂、
　　　　川澄 奈穂美、大野 忍、
　　　　田中 明日菜、福元 美穂、
　　　　安藤 梢、高瀬 愛実、
　　　　矢野 喬子、澤 穂希、
　　　　海堀 あゆみ、大儀見 優季、
　　　　丸山 桂里奈、岩渕 真奈
体操　体操競技・男子団体
　　　　加藤 凌平、田中 和仁、
　　　　田中 佑典、内村 航平、
　　　　山室 光史
　　　体操競技・男子種目別ゆか　内村 航平
ウエイトリフティング
　　　　女子48キロ級　　三宅 宏実
卓球　女子団体
　　　　石川 佳純、福原 愛、
　　　　平野 早矢香
フェンシング 男子フルーレ団体
　　　　太田 雄貴、千田 健太、
　　　　三宅 諒、淡路 卓

柔道　男子60キロ級　平岡 拓晃
　　　男子73キロ級　中矢 力
　　　女子78キロ超級　杉本 美香
バドミントン 女子ダブルス　藤井 瑞希、
　　　　　　　　　　　　　垣岩 令佳
アーチェリー 男子個人総合　古川 高晴

銅 陸上競技 男子ハンマー投げ　室伏 広治
水泳　競泳・男子400m 個人メドレー　萩野 公介
　　　競泳・女子100m 背泳ぎ　寺川 綾
　　　競泳・男子100m 背泳ぎ　入江 陵介
　　　競泳・女子100m 平泳ぎ　鈴木 聡美
　　　競泳・男子200m バタフライ　松田 丈志
　　　競泳・男子200m 平泳ぎ　立石 諒
　　　競泳・女子200m バタフライ　星 奈津美
　　　競泳・女子4×100m メドレーリレー
　　　　寺川 綾、鈴木 聡美、
　　　　加藤 ゆか、上田 春佳
ボクシング 男子バンタム56キロ級　清水 聡
バレーボール 女子
　　　　中道 瞳、竹下 佳江、
　　　　井上 香織、大友 愛、
　　　　佐野 優子、山口 舞、
　　　　荒木 絵里香、木村 沙織、
　　　　新鍋 理沙、江畑 幸子、
　　　　狩野 舞子、迫田 さおり
レスリング 男子グレコローマン60キロ級　松本 隆太郎
　　　　　男子フリースタイル55キロ級　湯元 進一
柔道　男子66キロ級　海老沼 匡
　　　男子90キロ級　西山 将士
　　　女子63キロ級　上野 順恵
アーチェリー 女子団体
　　　　早川 漣、蟹江 美貴、
　　　　川中 香緒里

2020年のオリンピック、東京開催が決定

2020年、夏季オリンピックの開催都市を決める国際オリンピック委員会（IOC）総会が2013年9月ブエノスアイレスで開かれ、IOC委員の投票で日本時間8日、1964年以来56年ぶりの東京が選ばれた。2回目の開催はアジア初となった。東京のほか、マドリード（スペイン）、イスタンブール（トルコ）が立候補。1回目の投票で東京は1位通過し、イスタンブールとの決選投票で過半数を獲得した。
IOCのジャック・ロゲ会長が流暢な日本語で「トウキョウ」と発表した。

お・も・て・な・し

2020年夏季オリンピックの開催都市を決めるIOC総会で、東京オリンピック招致を目指す日本プレゼンテーターのフリーアナウンサー、滝川クリステルが発した言葉「お・も・て・な・し」が一躍話題となり、2013年の流行語大賞受賞になった。

安倍マリオ

2016年リオ・デジャネイロオリンピックの閉会式の引き継ぎセレモニーで、安倍首相がスーパーマリオの衣装を着て土管から登場」というパフォーマンスをして話題に。着物姿で五輪旗を振った小池百合子東京都知事が脇役に見えたとの声も一部で出ていた。

第31回 2016年
リオデジャネイロ 夏季大会

開催都市　ブラジル・リオデジャネイロ
開催期間　8月5日～8月21日
参加国・地域数　205
参加選手数　11303
種目数　306

難民選手団

内戦や政情不安から他国に逃れ難民となり、自分の国からオリンピックに出場できなくなったアスリート達が、複数の国の難民で構成された10人の難民選手団が結成された。開会式では最後から2番目、開催国ブラジルのひとつ前で五輪旗を掲げて入場すると、会場は盛大な拍手で迎えた。

裸で抗議

レスリング男子フリースタイル65キロ級で、モンゴルのガンゾリグ・マンダフナラン選手は3位決定戦でラスト数秒で警告を受けて逆転負け。モンゴルのコーチがこれに激怒し、なぜか服を脱いでレフェリーに抗議。しかも一人はパンツ一丁になるという奇妙な方法で抗議。結局、抗議した2人は警備員に押さえられて退場させられた。

カンボジア代表・猫ひろし

お笑い芸人、猫ひろしが男子マラソンのカンボジア代表として出場した。2011年、カンボジア国籍を取得した猫ひろしは、2012年のロンドンオリンピックで同国代表に選出されたが、国際陸連に資格を満たしていないと判断されてしまい、出場出来なかった。リオ大会では待望のオリンピック出場を果たした。4年越しの出場をかなえた猫ひろしは、2時間45分55秒の139位で完走した。

引き継ぎセレモニー

閉会式で2020年東京オリンピックへの引き継ぎセレモニーが行われた。安倍晋三首相はマリオに扮して登場したが、このパフォーマンスを考えたのは東京オリンピック・パラリンピック競技大会組織委員会会長の森喜朗元首相。
安倍首相は、「キャラクターの力として日本のソフトパワーを示したかった。反応がどうか不安だったが、大歓声で迎えていただいた」と語った。

金

日本人選手初の400m 個人メドレーで金

萩野公介（はぎのこうすけ）

2016年
第31回リオデジャネイロ大会

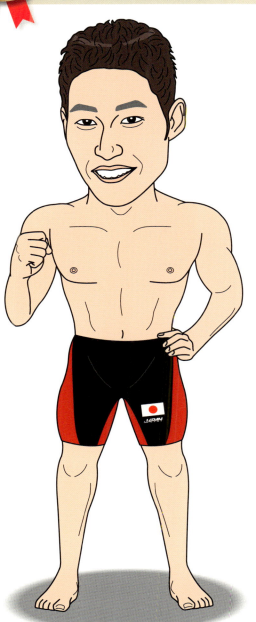

プロフィール
生年月日：1994年8月15日
出身：栃木県
種目：水泳

エピソード

ハム介

「コウスケ」と呼ぶと北島康介と萩野公介の両方とも返事をしてしまうため、区別するため萩野公介は、公介の「公」の字を「ハム」として「ハム介」と呼ばれるようになったという。

良きライバル

子供の頃からの良きライバルは瀬戸大也選手。リオ400m個人メドレーでは萩野が金メダル、瀬戸が銅メダルを獲得。日本の競泳が同一種目で表彰台に上がったのは1960年ローマ大会以来60年ぶりの快挙だった。

金 オリンピック史上初の女子個人種目4連覇を達成！

伊調 馨（いちょう かおり）

2016年 第31回ブラジル大会

プロフィール
生年月日：1984年6月13日
出身：青森県
種目：レスリング

エピソード 恩師の直筆メッセージ

恩師の沢内和興は、オリンピックの前に必ず伊調に直筆のメッセージを書き込んだハンカチを渡した。アテネ大会では「挑戦」、北京大会は「変幻自在」、ロンドン大会では「全てを力に」、そして4連覇のリオデジャネイロ大会では「平常心」。レスリング選手は試合中に止血用のハンカチを携帯するので、そのハンカチで勇気づけられないかと考えたという。女子ではオリンピック史上初となる4連覇を記録した。

金 試合終了間際の大逆転で金メダルを獲得

登坂絵莉(とうさかえり)

2016年 第31回リオデジャネイロ大会

プロフィール
生年月日：1993年8月30日
出身：富山県
種目：レスリング

エピソード

勝負メシ

勝負メシは試合前に毎回食べる「どん兵衛」。食べて臨んだ全日本で初優勝し、それ以来ゲン担ぎとして食べている。とくにお気に入りが「どん兵衛きつねうどん」。金メダルのご褒美として日清食品の「どん兵衛」が大量に届いた。

吉田沙保里

一番尊敬してる人は吉田沙保里。何でも相談できるお姉ちゃんみたいな存在で、吉田選手を追いかけて至学館高校に進んだ。

金 オリンピック3大会に出場して金メダル3つ銀メダル4つ獲得

内村航平（うちむらこうへい）

2016年 第31回リオデジャネイロ大会

プロフィール
生年月日：1989年1月3日
出身：福岡県
種目：体操

エピソード

ピンクパンサーの人形

小学5年生のとき、実家が経営する体操クラブに通っていた先輩から30センチほどの大きさのピンクパンサー（アメリカのキャラクター）人形をもらった。この人形をつかって体操の技を再現する遊びに没頭。イメージトレーニングをして実際の演技に生かした。

ブラックサンダーチョコ

ブラックサンダーチョコが大好きで、北京大会のときに40個持ち込み、試合前に食べていた。テレビでこのことが取り上げられるとブラックサンダーチョコが爆発的に売れた。「好きなものを食べたほうがテンションが上がる」といい、肉料理中心で大嫌いな野菜はほとんど食べない。

金 白井健三
しらい けんぞう

団体で金メダル。個人種目の跳馬では32年ぶりのメダル(銅)獲得

2016年 第31回リオデジャネイロ大会

プロフィール
生年月日：1996年8月24日
出身：神奈川県
種目：体操

エピソード

ひねり技

トランポリンで養った空中感覚で誰もまねできない「ひねり技」を次々と披露し、周囲の体操関係者を驚かせ、「ひねり王子」と呼ばれるようになる。ちなみに世界では「ミスターツイスト」と呼ばれている。

最年少メダリスト

17歳で世界選手権の床で初優勝。オリンピックと世界選手権を通じて史上最年少の金メダリストになった。

日本バドミントン界でオリンピック初の金メダル獲得

高橋礼華 松友美佐紀

2016年 第31回 リオデジャネイロ大会

プロフィール

高橋礼華
生年月日：1990年4月19日
出身：奈良県

松友美佐紀
生年月日：1992年2月8日
出身：徳島県
種目：バドミントン

エピソード

ひとり好き

2人とも幼い頃からひとりが好きだった。高橋はひとりでリカちゃん人形で遊ぶのが好きで、松友は皆と同じやり方がイヤで塾には通わず独学でオール5の成績を保ったという。

バドミントン初の金メダル

決勝では、ファイナルゲームを16－19の劣勢から5連続得点で勝利。

余った者同士でペア

2007年秋、宮城・聖ウルスラ学院英智高で「タカマツ」ペアが結成された。もともとはシングルプレーヤーだった高橋と松友。2人は高校時代に初めてダブルスを組んだが、監督によると、たまたまシングルス同士の余っている選手を組ませただけだったという。

銅

女子重量挙げ初のメダル & 史上初の父娘メダルを獲得

三宅宏美
みやけひろみ

2016年
第31回リオデジャネイロ大会

エピソード

きっかけ

父は1968年メキシコ大会フェザー級銅メダリストの三宅義行で、叔父は1960年のローマで銀、1964年東京大会、1968年メキシコ大会の金メダリスト、三宅義信。音大出身の母の影響でピアノを習っていたが、中学3年のとき、シドニー五輪の女子ウエイトリフティングを観て感動し、重量挙げを始めた。

椎間板ヘルニア

リオ大会では椎間板ヘルニアに苦しみながらも銅メダルを獲得。試合後、バーベルを抱きしめた姿は印象的だった。

プロフィール

生年月日：1985年11月18日
出身：埼玉県
種目：ウエイトリフティング

銅 アントワープ大会以来、96年ぶりのメダル獲得

錦織 圭（にしこり けい）

2016年
第31回リオデジャネイロ大会

プロフィール
生年月日：1989年12月29日
出身：島根県
種目：テニス

エピソード
負けず嫌い

小さい頃から負けず嫌いで、とくにトランプは自分が勝つまでやめようとしなかった。負け続けて、テーブルをひっくり返してしまったこともあるほど。女子柔道の選手と合同自主トレがあり、食事のときに錦織が女子柔道の選手に大食い対決を持ちかけた。結果は負けたにもかかわらず、今日は胃の調子がよくなかったといい、負けを認めなかった。

リオで活躍したアスリート

2016年 第31回 リオデジャネイロ大会
ウサイン・ボルト

陸上

生年月日：1986年8月21日
出身：ジャマイカ　種目：陸上競技

史上最速のスプリンター、稲妻ボルト

「ランニング・ボルト（稲妻のように速いボルト）」の異名をもつジャマイカのウサイン・ボルトが、陸上男子100mと200mで3大会連続2冠を達成。（4×100mリレーも3大会連続で優勝したが、後にチームのメンバーから薬物反応が出たため金メダルはく奪）北京大会では100m 9秒69の世界新記録（当時）で優勝。200mでも19秒30の世界記録で金メダル獲得。

続くロンドン大会、リオデジャネイロ大会でも100m、200m、4×100mリレーを制し、3大会に出場し、8つの金メダルを獲得。「史上最速のスプリンター」と呼ばれた。

優勝した後、天に弓を引くランニング・ボルトポーズをすることで知られる。

第31回　リオデジャネイロ夏季大会　2016
・メダリスト一覧・

金

水泳	男子400m個人メドレー	荻野 公介
	女子200m平泳ぎ	金藤 理絵
体操	男子団体	内村 航平、 加藤 凌平、 山室 光史、 田中 佑典、 白井 健三
	男子個人総合	内村 航平
レスリング	女子フリースタイル48キロ級	登坂 絵莉
	女子フリースタイル58キロ級	伊調 馨
	女子フリースタイル63キロ級	土性 沙羅
柔道	男子73キロ級	大野 将平
	男子90キロ級	ベイカー 茉秋
	女子70キロ級	田知本 遥
バドミントン	女子ダブルス	髙橋 礼華、 松友 美佐紀

		松田 丈志
女子200mバタフライ		星 奈津美
シンクロナイズドスイミング　チーム		乾 友紀子、 三井 梨紗子、 吉田 胡桃、 箱山 愛香、 中村 麻衣、 丸茂 圭衣、 中牧 佳南、 小俣 夏乃、 林 愛子
シンクロナイズドスイミング　デュエット		乾 友紀子、 三井 梨紗子
テニス	男子シングルス	錦織 圭
体操	体操競技・男子　種目別跳馬	白井 健三
ウエイトリフティング		
	女子48キロ級	三宅 宏実
卓球	男子シングルス	水谷 隼
	女子団体	福原 愛、 石川 佳純、 伊藤 美誠
柔道	男子60キロ級	髙藤 直寿
	男子66キロ級	海老沼 匡
	男子81キロ級	永瀬 貴規
	男子100キロ級	羽賀 龍之介
	女子48キロ級	近藤 亜美
	女子52キロ級	中村 美里
	女子57キロ級	松本 薫
	女子78キロ超級	山部 佳苗
バドミントン	女子シングルス	奥原 希望
カヌー	スラローム　男子カナディアンシングル	羽根田 卓也

銀

陸上競技	男子4×100mリレー	山縣 亮太、 飯塚 翔太、 桐生 祥秀、 ケンブリッジ 飛鳥
水泳	競泳・男子200mバタフライ	坂井 聖人
	競泳・男子200m個人メドレー	萩野 公介
レスリング	男子フリースタイル57キロ級	樋口 黎
	男子グレコローマンスタイル59キロ級	太田 忍
	女子フリースタイル53キロ級	吉田 沙保里
卓球	男子団体	水谷 隼、 丹羽 孝希、 吉村 真晴
柔道	男子100キロ超級	原沢 久喜

銅

陸上競技	男子50km競歩	荒井 広宙
水泳	男子400m個人メドレー	瀬戸 大也
	男子4×200mリレー	萩野 公介、 江原 騎士、 小堀 勇氣、

160

冬季オリンピック

1924年・第1回シャモニー・モンブラン大会 ～ 2018年・第23回平昌大会
忘れられないメダリストたち

第1回 1924年 シャモニー・モンブラン 冬季大会

開催都市　フランス
開催期間　1月25日〜2月5日
参加国・地域数　16
参加選手数　258
種目数　14

試験的に開催

近代オリンピックの生みの親、クーベルタン男爵は、「オリンピックは夏だけのもの」という考えで、冬季オリンピックに消極的だった。この大会は試験的に行い、夏季大会がフランスだったので、同じフランスのシャモニーとなった。冬季オリンピックを正式に認めるかは結果を見て判断するとしたが、みごと成功した。

関東大震災で見合わせ

試験的に行われたこの大会には16か国が参加した。日本も参加の準備を進めていたが、前年の1923年9月に関東大震災が発生したため、参加を見合わせた。

🥇 男子スピードスケート

チャールズ・ジュートロー
（アメリカ）

冬季五輪の金メダル第一号

　男子スピードスケート500mで44秒0で優勝した彼は1500mで8位タイ、5000mで13位の記録も残して、大会終了後に引退。1996年の1月26日に95歳で死去しているが、奇しくも冬季オリンピックで初の金メダルを獲得した日だった。

第1回の競技

この大会では、スキー、スケート、アイスホッケー、ボブスレー、カーリング、軍隊偵察競走が公開競技として行われた。女子選手はフィギュアスケートの女子シングルとペアのみ行われた。ちなみに当時のスキージャンプは、少し体を前傾させ、腕をグルグル回しながら飛んでいた。

第 2 回 1928年 サンモリッツ 冬季大会

開催都市　スイス
開催期間　2月11日〜2月19日
参加国・地域数　25
参加選手数　464
種目数　14

スケートで1万m中止にアメリカが抗議

スケート男子1万mで、競技中に気温が上昇し氷が解け始めて中断。再開の見通しも立たず、それまで1位になっていたアメリカの選手の順位も含めて無効に。これに対し、アメリカは競技中止に抗議を申し立てていたがIOCから適切な回答を得られず激怒。

男子フィギュア

ギリス・グラフストローム
（スウェーデン）

男子フィギュア、冬季五輪初の3連覇

　冬季大会はこの大会で2回目だが、フィギュアスケートは最初夏季大会で行われていたため、初優勝の1920年アントワープ大会から数えて3連覇。彼は一定の場所で回転する技、いわゆるキャメルスピンの原型を考案したことで知られる。

新競技のスケルトン

新競技、スケルトンが開催された。6か国10選手が参加し、アメリカのヒートン兄弟が金メダル＆銀メダルを獲得。兄のジェイソンが3分1秒8で優勝、弟のジョンが3分2秒8を記録し、2位だった。

日本選手が初参加

この大会から日本選手団が冬季オリンピックに初参加。シベリア鉄道でサンモリッツに向かった。クロスカントリー、ジャンプ、ノルディック複合のスキー競技に男子選手6人がエントリーしたが、すべての種目で完敗した。

サンモリッツに参加した日本選手団

第3回 レークプラシッド冬季大会
1932年

開催都市　アメリカ
開催期間　2月4日〜2月13日
参加国・地域数　17
参加選手数　252
種目数　14

犬ぞりレースが初めて実施
人間がそりに乗って引き具でつないだ数頭の犬を走らせる犬ぞりレースが公開競技として初めて実施された。カナダやシベリアなどでは盛んに行われている競技で、カナダが金メダルと銅メダルを獲得した。

男子フィギュアに日本初参加
男子フィギュアは8か国から12選手が参加し、日本からも全日本選手権優勝の老松一吉と2位の帯谷龍一が初出場した。結果は、老松が9位、帯谷龍一は最下位だった。

日本選手、冬季最高となる8位
スキージャンプで、安達五郎選手が1回目に日本公認記録の51m50を塗り替える60m、2回目には65m50の大ジャンプを記録し、日本選手冬季オリンピック最高の8位に入った。

スピードスケート種目でトラブル
男子スピードスケートは2人1組で滑るタイムレース方式と違い、1組5〜8人が同時に滑るアメリカ式の「オープンコース」で行われ、地元アメリカが連戦連勝。このシステムに慣れていない欧州各国の選手は苦戦を強いられ、再試合に発展するトラブルまで発生した。

金　男子ボブスレー

エディ・イーガン（アメリカ）
史上初、夏・冬の金メダリスト
　エディ・イーガンが史上初となる夏季、冬季のオリンピック両方で金メダルを獲得した。夏季では1920年に行われたアントワープ大会のボクシング男子ライトヘビー級、冬季はこの大会の男子ボブスレー4人乗りだった。

164

第4回 1936年 ガルミッシュ・パルテンキルヘン 冬季大会

開催都市	ドイツ
開催期間	2月6日～2月16日
参加国・地域数	28
参加選手数	668
種目数	17

日本選手最年少出場の記録！

フィギュアスケートの稲田悦子が日本初の冬季オリンピック女子代表に選ばれた。当時小学校6年生、12歳で出場した稲田は夏冬大会通じて今でも日本選手最年少出場の記録となっている。開会式で稲田が入場行進をする姿を見たアドルフ・ヒトラーが「あの子供は何をしに来たのか」と尋ねたという。26人中10位という堂々の結果を残した。

日本選手、冬季史上初の入賞

スピードスケート男子500mで、石原省三が日本新記録となる44秒1の好タイムで4位に入り、日本人選手で冬季オリンピック初となる入賞を果たした。

 女子フィギュア

ソニア・ヘニー（ノルウェー）
女子フィギュア初の3連覇

11歳で第1回シャモニー大会に初出場。この時は最下位に終わったが、続くサンモリッツ大会で初優勝。ほとんどの選手がロングスカートで競技する中、ミニスカートの衣装も話題になった。「氷上の恋人」と呼ばれ、この大会ではあまりの人気から警察にガードされるほどだった。

兄妹ペアが銀メダル

フィギュアペアでは、オーストリアのイルゼ・パウージンとエーリヒ・パウージンのパウージン兄妹が銀メダルを獲得。この大会の優勝は地元ドイツのマキシ・ヘルバー、エルンスト・バイアー組で、アドルフ・ヒトラーも観戦に訪れていた。

冬季大会

開催都市　スイス
開催期間　1月30日〜2月8日
参加国・地域数　28
参加選手数　669
種目数　22

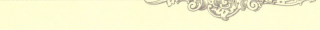

第5回大会は2大会中止に

1940年（札幌）と1944年（コルチナ・ダンペッツオ）で行われる予定だった冬季オリンピックは、第二次世界大戦の影響で中止になった。結局、戦後第5回大会が開催されたのは1948年、スイスのサンモリッツで、敗戦国である日本とドイツの参加は認められなかった。ちなみにコルチナ・ダンペッツオでは1956年の第7回、札幌は1972年の第11回大会で開催された。

冬季史上最年長の53歳が出場

スケルトンで、イギリスのジェームズ・コーツが冬季オリンピック史上最年長の53歳328日で出場して注目を集めた。

金　男子アルペン

アンリ・オレイエ（フランス）
オレイエが男子アルペン2冠

　この大会からスキー競技として男子アルペンの回転と滑降が新たに加わり全3種目になった。アンリ・オレイエは滑降と複合競技で金メダル、回転で銅メダルを獲得。一躍、フランススキーの英雄となり、1954年には日本にスキー技術講習のために来日した。1962年、車のレース中の事故で36歳の若さでなくなった。

夏冬別開催地

第二次世界大戦の影響で12年ぶりに復活した戦後初のオリンピックは、「冬季大会の開催地は夏季大会の開催国に優先して与える」という規定が廃止され、夏と冬は別々の国で開催することが可能になった。
そのためこの年のオリンピックは夏季大会がイギリスのロンドン、冬季大会がスイスのサンモリッツで開催されることになった。

第6回 1952年 オスロ 冬季大会

開催都市　ノルウェー
開催期間　2月14日〜2月25日
参加国・地域数　30
参加選手数　694
種目数　22

冬季大会で初の聖火リレー

冬季スポーツ発祥の地である北欧で開催された初めての冬季オリンピック。聖火リレーも、この大会から行われた。日本も16年ぶりに、戦後初めて冬季大会に参加し、18人の選手団となった。

高林清高が史上2人目の入賞

スピードスケート男子500mで高林清高が6位に入り、石原省三以来16年ぶり史上2人目の冬季大会入賞を果たした。第4回のガルミッシュ・パルテンキルヘン大会で同種目4位入賞を果たした石原が記録したタイムと全く同じ44秒1だった。

男子フィギュアでディック・バトンが2連覇

男子フィギュアスケートは、ディック・バトン（アメリカ）が2大会連続の金メダルを獲得。男子フィギュアスケートの連覇は、このあと2018年に羽生結弦が達成するまで出なかった。

菅原和彦が1万mで7位

スピードスケート男子1万mで、菅原和彦が17分34秒0の日本記録で7位に入る活躍を見せたが、6位の入賞まで3秒8の差で届かなかった。

金 スピードスケート

ヤルマール・アンデルセン
（ノルウェー）

「世界のスケート王」

ツンベルク（フィンランド）とバラングルード（ノルウェー）に続く史上3人目の3冠を達成した。男子5000mでは8分10秒6のオリンピック新記録で優勝。翌日に行われた1500mでも勝ち、1万mは自らの世界記録を更新する16分45秒8で優勝した。

167

第7回 1956年 コルチナ・ダンペッツオ 冬季大会

開催都市　イタリア
開催期間　1月26日〜2月5日
参加国・地域数　32
参加選手数　820
種目数　24

ソ連が冬季オリンピック初出場

イタリアで初の開催となるコルチナダンペッツオ冬季大会。ソ連（現ロシア）が冬季オリンピックに初参加。また、東西に分かれていたドイツも統一チームとして参加した。ソ連は国別メダル獲得数も金7、銀3、銅6と最多を記録し、とくにアイスホッケーで強豪のカナダ、アメリカを下して7戦全勝で金メダルを獲得した。

女子フィギュア、アメリカが初V

女子フィギュアスケートは、前回のオスロ大会で銀メダルを獲得したテンレー・オルブライト（アメリカ）が金メダルに輝いた。女子フィギュアではアメリカ初。2位もアメリカのキャロル・ヘイス。

男子500mで3選手が日本新記録

スピードスケート男子500mでは、絶好のコンディションとなり、21位の選手までがオリンピック新記録だった。日本勢も竹村晋吉が42秒4で11位、堀吉孝が42秒8で17位、浅坂武次は43秒1でオリンピックタイ記録だが22位だった。3選手は日本記録を塗り替えたが、いずれもメダル、入賞には届かなかった。前回大会6位の高林清宮は43秒6で30位に終わった。

金　男子フィギュア

ヘイス・アラン・ジェンキンス
（アメリカ）

アメリカ勢表彰台独占

　今大会の男子フィギュアはアメリカ勢が史上初となる金、銀、銅のメダルを独占。その中で金メダルを獲得した。前回、前々回大会で金メダルのディック・バトンの後を受け、アメリカ勢3連覇を記録した。

冬季オリンピック日本人初のメダリスト
銀 猪谷千春(いがやちはる)

1956年 第7回 コルチナ・ダンペッツオ大会

生年月日：1931年5月20日
出身：北海道
種目：アルペンスキー

エピソード：幼少期から厳しい練習

父は日本スキー界の草分けといわれる猪谷六合雄。3歳の頃から英才教育を受け、平衡感覚を鍛えるために丸木の一本橋を何度も渡ったり、6里(24km)の山道を10貫の薪をしょって登るなど、練習はとても厳しく、楽しい思い出は無かったという。だからメダルが取れたとも語っている。

コルチナ・ダンペッツオで活躍したアスリート

1956年 第7回 コルチナ・ダンペッツオ大会

 トニー・ザイラー

滑降・回転・大回転

映画俳優に転向

コルチナ・ダンペッツオ五輪ではスキーアルペン種目の滑降、回転、大回転で史上初となる3冠を獲得。当時21歳の美男子で女性ファンも多かった。翌1957年に映画に出演したためにアマチュア資格を問われ、1960年のスコーバレーオリンピックには出られないことになり、1958年のシーズン後22歳で引退。その後、本格的に俳優に転向。1960年の日本映画「銀嶺の王者」では鰐淵晴子さんと共演している。

生年月日：1935年11月17日
出身：オーストリア
種目：アルペンスキー

第 8 回 スコーバレー 冬季大会
1960年

開催都市　アメリカ
開催期間　2月18日～2月28日
参加国・地域数　30
参加選手数　665
種目数　27

ウォルト・ディズニー氏が開会式演出

アメリカ2度目の冬季大会。スコーバレーはカリフォルニア州のシェラネバダ山中で「死の谷」と呼ばれるなだれの名所であるため、当初はオリンピックの会場としてはどうかと心配された。ウォルト・ディズニー氏が開会式を演出し、2万個のカラフルな風船やハトが飛ばされ、話題となった。

男子フィギュア、アメリカが4連覇

男子フィギュアスケートは、前回コルチナダンペッツオ大会の銅メダリスト、デービッド・ジェンキンズが金メダルを獲得、アメリカ勢が4連覇を達成した。日本からは佐藤信夫が出場し14位に終わった。

高見沢初枝、日本女子初入賞

この大会から新種目として登場した女子スピードスケートで、高見沢初枝が500mで5位、1000mで5位、3000mで4位に入り、日本女子初となる入賞を3種目で果たした。とくに、最も得意な3000mでは、自身のもつ日本記録を15秒3も更新、3位にわずか0秒4及ばず、メダルに届かなかった。

金 スピードスケート

エフゲニー・グリシン（ソ連）

短距離王、グリシンが2大会連続2冠

スピードスケート男子500mと1500mで、2大会連続の2冠を獲得した。男子1500mではノルウェーのロールド・オースと同タイムの2分10秒4で金。500mは前回大会で自身が作った世界新記録と同タイムの40秒2で金メダル。

第9回 1964年 インスブルック 冬季大会

開催都市　オーストリア
開催期間　1月29日〜2月9日
参加国・地域数　36
参加選手数　1091
種目数　34

冬季大会で初の死亡事故

冬季大会で初めてスキーのジャンプ競技場を会場に開会式が行われたこの大会は、暖冬による雪不足に悩まされた。コースコンディションが十分な条件でなかったため、開会前の練習中にリュージュのイギリス選手とアルペンスキーのオーストラリア選手の2名が事故死するという悲劇が起きた。開会式では2選手に対する黙とうが捧げられた。

福原美和がフィギュア初の5位入賞

女子フィギュアスケートの福原美和が5位に入り、男女通じてフィギュアで日本選手初となる入賞に輝いた。優勝はオランダ初の冬季オリンピック金メダリストになったショーケ・ディクストラ選手。

日本初の2大会連続入賞は妊娠していた!?

女子スピードスケート3000mで、長久保初枝（旧姓・高見沢）が6位に入り、日本人初となる2大会連続入賞。長久保は大会前に妊娠していることがわかったが、それでも出場し、この年の秋に無事出産した。

金 スピードスケート

リディア・スコブリコーワ
（ソ連）

スコブリコーワが冬季史上初の4冠

女子スピードスケートで、500m、1000m、1500m、3000mの4種目すべてで金メダルを獲得。冬季大会史上初となる4冠に輝いた。前回のスコーバレー大会では1500、3000の2冠を獲得していた。

第10回 1968年 グルノーブル 冬季大会

開催都市　フランス
開催期間　2月6日～2月18日
参加国・地域数　37
参加選手数　1158
種目数　35

オリンピック大会マスコットが登場

この大会からオリンピック初の大会マスコットが非公式ではあるが登場。「シュス」という名前の謎のスキーヤー。このマスコットには、赤、青、白のフランス国旗の色が使われていて、おでこに五輪のマークがあるのが特徴。

メダル期待の鈴木恵一は8位！

スピードスケート男子500mで、この年の1月に世界新記録を出した鈴木恵一に金メダルの期待が集まったが、結果は8位に終わりメダルには届かなかった。

日本、5大会ぶり入賞者ゼロに終わる

日本選手は過去最多の62人がスキー、スケート、アイスホッケー、バイアスロンの4競技に参加したが、ひとりの入賞者もなく、次回の札幌大会に向けて大きな不安を残した。

女子の性別検査を実施

この大会で初めて女子の性別検査を実施。女子選手240人のうち、50人を抽出して行われ、全員がクリアした。また、ドーピング検査もこの大会から行われた。

 アルペンスキー

ジャン＝クロード・キリー
（フランス）

**キリーが史上2人目の
アルペン種目3冠王**

　男子アルペンスキーで、地元フランスの英雄、ジャン＝クロード・キリーが滑降、大回転、回転で3冠。コルチナ・ダンペッツオ大会のトニー・ザイラー以来12年ぶり、史上2人目の快挙となった。

第11回 1972年 札幌 冬季大会

開催都市	日本
開催期間	2月3日〜2月13日
参加国・地域数	35
参加選手数	1006
種目数	35

帰って来た札幌オリンピック

もともとは1940年の第5回大会でアジア初の札幌オリンピックが行われる予定だったが、第二次世界大戦によって中止になった。戦後、1966年4月26日、ローマで行われたIOC総会で、第11回大会で札幌オリンピックの開催が決定。

日本が金銀銅独占！

スキーの70m級ジャンプで、笠谷幸生が金メダル、金野昭次が銀メダル、青地清二が銅メダルを獲得、日本勢が金銀銅を独占した。この大会で日本のメダル獲得はこのジャンプの3つだけにとどまった。

「虹と雪のバラード」が大ヒット

札幌オリンピックのイメージソング「虹と雪のバラード」を人気男女デュオのトワ・エ・モワが歌って大ヒット。同年の紅白歌合戦にも出場した。

開会式

アジア初の開催となった札幌オリンピック。大会名誉総裁の天皇陛下が開会を宣言。開会式のハイライトである最終聖火ランナーは史上最年少の16歳、辻村いずみさんから同年の高田英基クンに渡り、オリンピアの火が灯った。

冬季オリンピック初の金メダリスト
笠谷幸生
（かさやゆきお）

1972年
第11回札幌大会

生年月日
1943年8月17日
出身：北海道
種目：スキージャンプ

エピソード

スポーツ万能

3番目の男の子ということで、ついたあだ名はサブ。小さい頃から相撲、水泳、野球、スキーとスポーツなら何でもこなした。小学校2年のときに、兄の昌生がジャンプで優勝。そのときに持ち帰った優勝カップに刺激され、小学校3年のときからジャンプのまねごとを始めた。

ハードな練習

札幌大会で金メダルを獲得する前年は、毎日10kmのロードワーク、踏み切りの力をつけるため100mダッシュを百回以上続けるというハードトレーニングを課してきた。

札幌で活躍したアスリート

1972年 第11回 札幌大会

 ### ジャネット・リン
フィギュアスケート

生年月日：1953年4月6日
出身：アメリカ
種目：フィギュアスケート

札幌五輪のアイドル

札幌オリンピックのフィギュアスケート女子シングルで、一躍人気者になったジャネット・リン。ブロンドのショートヘアで、演技中に尻餅をつく失敗があったが、愛くるしい笑顔をみせ立ち上がった姿が人気に。フィギュアのフリーではトップだったが、総合では結局3位となった。「銀盤の妖精」「札幌の恋人」などと呼ばれた。選手村の自室の壁に「Peace ＆ Love」と書き残したのは有名。カルピスのコマーシャルにも起用された。

札幌で活躍したアスリート

女子フィギュア

ベアトリクス・シューバ
（オーストリア）

シューバが逃げ切りV

　当時、フィギュアスケートのシングル競技はコンパルソリーフィギュア（規定）とフリースケーティング（フリー）で構成され、競技前半、得意の規定で2位に100点以上の大量リードをつけたシューバは首位に。後半のフリーで7位となったが、規定の貯金で金メダルを獲得した。

オリンピック映画作成

映画「東京オリンピック」

制作費2億5千万をかけた市川崑監督の記録映画「東京オリンピック」（当初は黒澤明監督だったが、試算した予算6億円が通らず降板）。オリンピック担当大臣の河野一郎が「芸術的かもしらんが記録的じゃない」とクレームをつけ、文相の愛知揆一も「文部省推選にできない」と追随。これらに対し、佐藤栄作首相は「全体としてよくまとまっている。芸術のわからん人は困る」と発言。結局、保存用記録映画を別につくることでおさまった。市川監督の作品は、カンヌ映画祭で批評家協会賞を受賞、高く評価された。

白い恋人たち

1968年にはフランスのグルノーブルで行われた第10回冬季オリンピックの記録映画として「白い恋人たち」（原題は、「フランスにおける13日間」）が作成された。日本でも同年に公開された。同名のメインテーマ曲は日本ではザ・ピーナッツが日本語訳で歌い、レコーディングしている。記録映画として作成された映画ではあるが、単に事実を記録するのでなく、芸術性をも追求した映画となっている。監督のルルーシュは市川崑監督作品『東京オリンピック』の描写に影響を受けたとしている。

映画「東京オリンピック」と「白い恋人たち」

第12回 1976年 インスブルック 冬季大会

開催都市　オーストリア
開催期間　2月4日～2月15日
参加国・地域数　37
参加選手数　1123
種目数　37

開催地が変更になる

この大会の開催地はアメリカのデンバーに決定していたが、市民から自然環境破壊と経済上の理由から反対運動が勃発。オリンピック開催を返上するという異例の事態となった。代替地としてオーストリアのインスブルックが再び開催地に選ばれた。

ドーピングで2選手失格

スキー女子で、ソ連のクラコワがドーピング検査で陽性となり、獲得した銅メダルを剥奪。アイスホッケーでは、チェコスロバキアのボスピシル選手がドーピング検査で陽性反応となり、ポーランド戦の勝利を剥奪。どちらも服用した風邪薬に禁止薬剤が含まれていた。

日本勢、入賞者ゼロに終わる

前回の札幌大会で金メダルだったスキージャンプの笠谷幸生に期待が寄せられたが、不本意な成績に終わる。日本はその他の競技もメダルどころか1人の入賞者も出なかった。

五輪旗の引き渡し

開会式で、前回大会の札幌市からインスブルック市へ五輪旗の引き渡しが行われた。日本から10人の振り袖姿の大和撫子が入場すると、会場から大きな歓声が上がった。

金 スキーアルペン

ロジー・ミッターマイヤー
（西ドイツ）

女子アルペン3冠に一歩届かず

スキーアルペン女子の滑降と回転の2種目で金メダルを獲得。史上初の3冠達成かと期待されたが、大回転では銀メダルに終わり、3冠にあと一歩届かなかったが、女子アルペン史上3人目となる2冠を獲得して話題になった。

第13回 1980年 レークプラシッド 冬季大会

開催都市　アメリカ
開催期間　2月13日～2月24日
参加国・地域数　37
参加選手数　1072
種目数　38

八木弘和が銀メダルを獲得

前回大会での入賞はなかったが、今大会ではスキー70m級ジャンプで、八木弘和が日本に2大会ぶりとなる銀メダルを獲得。スキージャンプ競技では、日本選手が海外のオリンピックで初めて取ったメダルでもあった。秋元正博も4位に入る活躍をみせた。

長屋真紀子がオリンピック新記録も入賞

長屋は女子スピードスケート500mで、オリンピック新記録となる42秒70でゴール。しかし、このタイムを上回る選手が3人出て、メダル獲得はかなわなかった。1964年インスブルック大会の長久保初枝以来16年ぶり2人目の入賞。

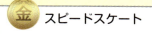
スピードスケート

エリック・ハイデン（アメリカ）
5種目すべてで金メダル獲得

　スピードスケート男子の500、1000、1500、5000mで4つのオリンピック新記録、一万mでは世界新記録を樹立し、出場した5種目で金メダルを獲得した。冬季オリンピックで一大会5つの金メダルを獲得した選手も史上初。

女子フィギュア、渡辺絵美が6位入賞

女子フィギュアスケートは、日本初のメダルを期待された渡辺絵美が、フリーで初めて3回転ジャンプに成功する演技をみせたが総合6位となった。1964年のインスブルック大会の福原美和以来の入賞となった。

第14回 1984年 サラエボ冬季大会

開催都市　ユーゴスラビア
開催期間　2月8日～2月19日
参加国・地域数　49
参加選手数　1274
種目数　39

共産圏初の冬季オリンピック

この第14回冬季大会には、サラエボ（ユーゴスラビア）、エーテボリ（スウェーデン）、札幌（日本）の3都市が立候補していたが、サラエボが39票、札幌が36票となり、サラエボに決定。共産圏で初めて冬季オリンピックが開催された。

双子で金、銀獲得

スキーアルペン回転で、アメリカの双生児、兄のフィル・メーアと弟のスチーブ・メーアが金銀メダルを独占した。双子の兄弟による金銀制覇はオリンピック史上初の快挙。表彰式では日本のIOC委員長の猪谷千春が彼らにメダルをかけた。

ハマライネンが距離初の3冠

スキークロスカントリー女子で、フィンランドのハマライネンが、5km、10km、20km、3種目で金メダルを獲得し、スキーの距離個人種目では史上初の3冠に輝いた。

期待の黒岩彰、まさかの10位

この大会では、前年の世界スプリント選手権総合王者になった男子スピードスケートの黒岩彰に金メダルの期待がかかったが、500mでまさかの10位、1000mも9位に終わった。

金 スキージャンプ

マッチ・ニッカネン
（フィンランド）

ニッカネン VS バイスフロクの激戦

東ドイツのイエンス・バイスフロクと70、90m級の金銀メダルを競った。70m級ではバイスフロクが逆転勝利、90m級は2回ともニッカネンが完勝。次のカルガリー大会では新種目のジャンプ団体も制して史上初のスキージャンプ3冠。

日本スケート界初のメダリスト
北沢欣浩（きたざわよしひろ）

銀

1984年
第14回サラエボ大会

生年月日：
1962年8月4日
出身：北海道
種目：
スピードスケート

エピソード

まさかのメダリスト！

金メダルの大本命、黒岩彰に注目が集まった大会で、北沢は試合前「ボクもせめて8位に入れるかなあ」と、のん気なことを言っていたという。日本中の期待を一身に背負った黒岩はまさかの10位に対し、のびのびとレースをした北沢はまさかの銀メダルを獲得。控え室に入った北沢は「なんかボク、大変なことしちゃったようだ」と語り、会見で、スケーティングについて聞かれ「どう滑ったか覚えてません」。

第15回 1988年 カルガリー 冬季大会

開催都市　カナダ
開催期間　2月13日〜2月28日
参加国・地域数　57
参加選手数　1423
種目数　46

4度目の立候補で夢かなう

今大会の開催地カルガリーは4度目の立候補でようやく選ばれた。最後はスウェーデンのファールンとの決選投票だった。
また、開催日程がこれまでの12日間から夏季大会と同じ16日間に延長された。

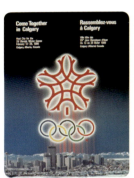

橋本聖子が全種目で入賞

女子スピードスケートでは、橋本聖子が男女合わせて参加者全選手で唯一、全5種目に出場した。さらに、すべての種目で日本記録を更新、すべてで入賞するという快挙だった。

伊藤みどりが技術点でトップ

女子フィギュアスケートでは、伊藤みどりがフリーの演技で3回転ジャンプを7回すべて成功させ、9人の審判のうち7人が5.9点（6点満点中）をつけた技術点は、全選手でトップになった。総合では5位となり入賞したが、大会最終日のエキシビジョンでは演技者のひとりに選ばれ、最後の演技者として登場した。

金　アルペンスキー

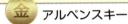

アルベルト・トンバ（イタリア）
「爆弾」トンバ、2冠獲得

　回転、大回転で2冠を獲得。危険で攻撃的な滑りをすることから名前の「トンバ」にひっかけて「ボンバ（爆弾）」の異名をとる。試合の前日でも夜中の3時まで飲み歩き、ディスコで騒ぐ型破りな行動も話題になった。

銅 サラエボ大会の雪辱を果たし銅メダル獲得！

黒岩 彰（くろいわ あきら）

1988年 第15回カルガリー大会

生年月日：1961年9月6日
出身：群馬県
種目：スピードスケート

エピソード
どん底を経験

日本スピードスケート界のエース。早くから世界屈指のスプリンターと言われていた。サラエボ大会では自ら「負ける気がしない」と言ってレースに臨んだが、まさかの10位という結果に。黒岩は「もし、あのとき勝っていたら挫折しらずの高慢な人間になっていたかもしれない」と語った。４年後のカルガリー大会ではどん底を見た体験から這い上がり銅メダルを獲得した。

カルガリーで活躍したアスリート

1988年 第15回 カルガリー大会
カタリナ・ビット
フィギュアスケート

連続金メダル

サラエボ大会、カルガリー大会と圧倒的な表現力の高さで2大会連続で金メダルを獲得。ソニア・ヘニー以来、史上2人目の連覇を達成。
その後、プロに転向してアイスショーなどで活躍していた。
1994年のリレハンメル大会はプロのフィギュアスケーターも1回限りオリンピックの参加が認められるようになり、歴代のメダリストも続々エントリーした。カタリナ・ビットも参加して世界中の注目を集めたが結果は7位に終わった。

生年月日：1965年12月3日
出身：旧東ドイツ
種目：フィギュアスケート

第16回 1992年 アルベールビル 冬季大会

開催都市　フランス
開催期間　2月8日～2月23日
参加国・地域数　64
参加選手数　1801
種目数　57

報奨金

この大会から、JOCは「オリンピック特別賞」を設け、メダリストには報奨金を出すことになった。金メダルは300万円、銀メダルは200万円、銅メダルは100万円。現在（2019年）は金メダルは500万円となっている。

スケート男子500mで日本が銀、銅の快挙

スピードスケート男子500mで前大会銅メダルの黒岩敏幸が銀メダル、井上純一が銅メダルを獲得。日本スケート界では史上初となるダブルメダル獲得となった。

日本冬季五輪初の兄弟出場で弟が銅メダル

スピードスケートでは、宮部保範、宮部行範の宮部兄弟が日本冬季オリンピックで初の兄弟同時出場を果たした。1000mでは、弟の行範が銅メダルを獲得した。

金 フィギュア

クリスティー・ヤマグチ
（アメリカ）

日系人のメダリスト

カリフォルニア州出身の日系人。生まれたときに両足の親指が内側に曲がっていたため、矯正のため1歳から靴をはき、フィギュアを始めた直接の理由も矯正から。アメリカがフィギュアで金メダルを獲得したのは1976年インスブルック大会のドロシー・ハミル以来。

日本のメダル獲得数

日本はこれまで出場した冬季大会の通算メダル獲得数は7個だったが、この大会だけで、ノルディック複合団体金メダルなど、7個を獲得。

金 ノルディック複合団体で2大会連続金のアンカー

荻原健司（おぎわらけんじ）

1992年 第16回アルベールビル大会

生年月日： 1969年12月20日
出身：群馬県
種目：スキー・ノルディック複合

エピソード 双子の兄弟

双子の弟、次晴とは大学まで同じ学校に通っていた。学年は同じでもちがう組だった。弟の次晴は、学校で、健司に間違えられ、代わりに先生に叱られたこともあるという。テストの問題は先にやったほうが教えた。

銀

オリンピックで女子フィギュア初の3回転半ジャンプを披露

伊藤(いとう)みどり

1992年
第16回アルベールビル大会

生年月日：
1969年8月13日
出身：愛知県
種目：
フィギュアスケート

エピソード

きっかけ

3歳のとき、スケート場に母親に連れられて遊びに行ったのがきっかけ。5歳のとき、山田満知子コーチに見いだされた。

トリプルアクセル

1988年末に女子選手で初となるトリプルアクセル（3回転半）ジャンプに成功。アルベールビルオリンピックで女子フィギュアスケートとして日本人初の銀メダルに輝いた。

銅 日本女子選手として最多の7回オリンピックに出場

橋本聖子
はしもとせいこ

1992年
第16回アルベールビル大会

生年月日：
1964年10月5日
出身：北海道
種目：
スピードスケート

エピソード
オリンピックになる!?

東京五輪の聖火を見て感動した父は「将来、何かのスポーツで五輪に日の丸を掲げる子になってほしい」という願いをこめ、聖子と命名。父にいわれるまま、「大きくなったらオリンピックになる」と言っていたが、8歳で札幌五輪を見るまでオリンピックの意味がまったくわからなかった。

第16回 アルベールビル冬季大会 1992
・メダリスト一覧・

金	スキー	ノルディック複合・団体	三ヶ田 礼一、河野 孝典、荻原 健司
銀	スケート	スピードスケート・男子500m	黒岩 敏幸
		フィギュアスケート・女子シングル	伊藤 みどり
銅	スケート	スピードスケート・男子500m	井上 純一
		スピードスケート・女子1500m	橋本 聖子
		スピードスケート・男子1000m	宮部 行範
		ショートトラック・男子5000mリレー	石原 辰義、河合 季信、赤坂 雄一、川崎 努

日本初の夏冬両五輪出場

橋本聖子は、幼少期から乗馬にも熱中していたが、足が大きかったため「将来は体が大きくなる」と言われ、体が小さいほうが有利な馬術の道はあきらめた。

1988年のカルガリー冬季五輪後、オリンピック夏季大会の自転車競技にも取り組んだ。自転車ではソウルやバルセロナ五輪にも出場。日本初の夏冬両五輪出場選手（冬季4回・夏季3回）となった。1995年に参議院選挙に出馬し初当選。翌1996年のアトランタ五輪には、参議院議員となって出場している。

新種目のショートトラックリレーで日本チームが銅

この大会から新たに正式種目になったショートトラック男子5000mリレーで、日本チーム（赤坂雄一、河合季信、川崎努、石原辰義）が銅メダルを獲得した。

189

第17回 1994年 リレハンメル 冬季大会

開催都市	ノルウェー
開催期間	2月12日～2月27日
参加国・地域数	67
参加選手数	1739
種目数	61

冬季、夏季オリンピックの同年開催が変更に

これまでは冬季オリンピックも夏季オリンピックも4年に一度の同じ年に行われていたが、この大会から夏季オリンピックの2年後に冬季オリンピックが開催されるように開催サイクルが改められた。

原田、失敗ジャンプで金逃す

ジャンプラージヒル団体で、日本のエース、アンカーの原田雅彦が金メダルの期待を背負って飛んだジャンプがまさかの低空飛行、痛恨の失敗ジャンプに終わり、銀メダルに終わった。飛び終えた後、頭をかかえうずくまっている原田に残り3人が「よかったじゃないですか、銀メダルですよ」とかけ寄った。原田に笑顔が戻り、表彰台で堂々と銀メダルを手にした。

金 フィギュアスケート・ペア

エカテリーナ・ゴルデーワ
（旧ソ連）

カルガリーとリレハンメルの金メダリスト

1988年のカルガリー大会で、セルゲイ・グリンコフとのペアで金メダルを獲得、フィギュアスケート界に旋風を巻き起こした。その後、プロに転向し、セルゲイと結婚、長女を出産。プロ解禁となったリレハンメル大会に出場して2度目となる金メダルを獲得した。1995年、パートナーのセルゲイが練習中に心臓発作でかえらぬ人となったが、悲しみを乗り越え、ソロのプロスケーターとして活動を再開した。

銅 女子スピードスケート長距離種目で日本人初のメダル獲得

山本宏美(やまもとひろみ)

1994年
第17回リレハンメル大会

生年月日：1970年4月21日
出身：北海道
種目：スピードスケート

エピソード
記者会見で自己紹介

女子スピードスケート長距離種目初の銅メダルを獲得した山本は、滑り終わった後のほうが緊張したという。記者会見では緊張からか「趣味は読書です。好きな作家はシドニー・シェルダンと山本周五郎です」と自己紹介。

第17回 リレハンメル冬季大会 1994
· メダリスト一覧 ·

金	スキー	ノルディック複合・団体	阿部 雅司、河野 孝典、荻原 健司
銀		ノルディック複合・個人	河野 孝典
		ジャンプ・ラージヒル団体	原田 雅彦、葛西 紀明、岡部 孝信、西方 仁也
銅	スケート	スピードスケート・男子500m	堀井 学
		スピードスケート・女子5000m	山本 宏美

日本選手の活躍

スキー・ノルディック複合団体では日本が冬季オリンピック史上初の2連覇を達成。ノルディック複合個人では河野孝典が銀メダル、スピードスケート男子500mでは堀井学が銅メダルを獲得するなど、日本が獲得したメダルは金1、銀2、銅2。

ナンシー・ケリガン襲撃事件

女子フィギュアスケートは、リレハンメル五輪出場選考会を兼ねた全米選手権の試合会場で、トーニャ・ハーディングはライバルのナンシー・ケリガンを元夫に命じて襲撃させ、試合に出場させないように仕組んだとする疑惑が発覚。結局、両選手ともにリレハンメル五輪に出場、ケガから回復したケリガンは2位で銀メダル獲得、8位に終わったハーディングは「靴ひもが切れた」と演技を中断し、泣きながらやり直しを要求するなど最後まで人騒がせだった。大会終了後、ハーディングはのちに懲役刑を免れることを条件に罪を認め、3年間の執行猶予を受け入れた。

トーニャ・ハーディング　　ナンシー・ケリガン

東京オリンピックにハマりすぎた谷啓さん

オリンピックのエピソードで忘れられないのが谷啓さんの話。
1964年の東京オリンピックが開催されたとき、ハナ肇とクレージー・キャッツのメンバーとして活躍していた谷啓さんは、仕事が手につかなくなるほどオリンピックにハマったそう。
オリンピックがはじまる前は、何か騒々しくてイヤだなと思っていたが、開会式に六本木を歩いていたら、ジェット機が空に5〜6機、五輪のマークの飛行機雲を流したのを見た瞬間、コレだ！　と思い、夜のハイライト番組を見てすっかりオリンピックの魅力にハマってしまった。
白地に赤でJAPANと縫いつけたシャツを妻に作ってもらい、家にいるときはそれを着て過ごし、重量挙げで優勝した三宅義信選手に影響され、自宅の電話の受話器をバーベルにみたて、横に粉の袋を置き、電話がかかってくると粉を手につけ、精神を整えてから力を込めて受話器を持ち上げて電話にでたというほどオリンピックに熱を上げ、オリンピック選手に間違われたくて選手村付近をうろついたりもしたという。
閉会式で「次の開催地メキシコで会いましょう」と電光掲示板に出たとき、「よし！　オリンピック選手になる」と決め、翌日にライフル射撃でもやろうかと思ってお店に出かけたともいわれる。
東京オリンピックを見て、ものすごく大きなものを感じた谷啓さんは、「俺はこんなことしていていいのか？」と、クレージーキャッツを辞めることも考えていたというが、とりあえず残ることになり、この年の紅白歌合戦に出場。その後、この当時を振り返ったエッセイには「あの時、俺はおかしかった」と書いています。

第18回 1998年 長野 冬季大会

開催都市　日本
開催期間　2月7日～2月22日
参加国・地域数　72
参加選手数　2176
種目数　68

26年ぶり、日本での開催

1972年札幌大会以来26年ぶり2度目の日本開催。開会式では大相撲の横綱、曙の土俵入りなどが披露され、聖火の点火者は女子フィギュアスケート銀メダリストの伊藤みどりが務めた。クライマックスでは小沢征爾の指揮のもと、5大陸同時の「第九」合唱なども行われた。閉会式ではコメディアンの萩本欽一が総合司会を務め、歌手の杏里が「ふるさと」を子供たちといっしょに合唱。歌い終えた後、司会の欽ちゃんが「私たちのふるさとは？」と会場に問いかけると「地球！」と叫んだ。

日本、過去最多のメダル数

この大会で日本は、スキージャンプ団体の金メダルなど、金5、銀1、銅4。過去最多となる計10個のメダルを獲得、国別メダル数ランキングで7位に入った。

金 クロスカントリー・スキー

ビョルン・ダーリ（ノルウェー）

**「鉄人」ダーリが
通算8個目の金メダル**

　男子クロスカントリーで、「鉄人」の異名をもち、2大会ぶり2度目の3冠・冬季オリンピック通算最多の8個目の金メダルを獲得した。また、銀メダルも通算4個を獲得、冬季オリンピックで獲得した通算メダル数12個も史上最多となった。

リピンスキーが最年少女王に

女子フィギュアスケートは、タラ・リピンスキー（アメリカ）と、ミシェル・クワン（アメリカ）の10代対決が注目され、リピンスキーが15歳8か月の最年少女王に輝いた。この大会、初出場の荒川静香は13位に終わった。

金 清水宏保
しみずひろやす

日本のスピードスケート選手としては初の金メダル獲得！

1998年
第18回長野大会

生年月日：
1974年2月27日
出身：北海道
種目：
スピードスケート

エピソード
極限まで鍛える

「おまえは体が小さいので、人一倍努力しろ」と父に言われ、父と二人三脚でトレーニングをはじめた。相撲の四股、また割り、砂袋を背負ってのスクワット、6km以上離れた場所にあるスケートリンクまでのランニングなどで極限まで鍛え、太ももが60cm以上にもなった。長野オリンピックでは世界新記録で金メダルを獲得、身長が162cmと小柄なことから「小さな巨人」といわれた。

金 日本女子スキー史上初の金メダルを獲得
里谷多英（さとやたえ）
1998年
第18回長野大会

生年月日：1976年6月12日
出身：北海道
種目：スキーモーグル

エピソード
父と金メダルの約束

長野五輪の前年、カナダ合宿中に、父が危篤となり、急いで帰ったが間に合わなかった。父に褒めてもらえるのが嬉しくてスキーをしていたという里谷は、病床の父に金メダルを約束していた。長野五輪では、レース直前まで父のことを考えて泣いていたという。父の写真を胸に入れて滑り、約束通り金メダルを獲得した。

銅 女子スピードスケート短距離初のメダリスト
岡崎朋美（おかざきともみ）

1998年
第18回長野大会

生年月日：1971年9月7日
出身：北海道
種目：スピードスケート

エピソード

橋本聖子さん
橋本聖子に憧れ、スケーティング、ウォーミングアップのやり方などつねに見ていた。スケート靴のひもの結び直し方さえ同じようにしたという。

ファンクラブ
長野五輪では、試合を終えた後の「朋美スマイル」が話題になり、ファンが急増した。ファンは日本だけにとどまらず、オランダでは中年男性がファンクラブを作った。

197

金 4年前の失敗ジャンプを払拭する大ジャンプで団体金！

原田雅彦（はらだまさひこ）

1998年 第18回長野大会

生年月日：1968年5月9日
出身：北海道
種目：スキージャンプ

エピソード
いつも笑ってる

子供のころから妙なときによく笑ってみせた。母が叱っているときもヘラヘラ笑い続け、それを見た母は情けなくなって泣いてしまったことがあるという。笑っているのは海外でも有名な話で「なぜ、負けても笑っているのか？」と聞かれ、「これがボクのスタイルです」と語った。

長野大会で金2個、銀1個獲得！

船木和喜(ふなきかずよし)

1998年
第18回長野大会

エピソード

練習量

他を圧する練習量で、所属チームに課せられたメニューの倍をこなした後、周囲にパチンコに行ってくると言ってランニングをしていることもあったという。

生年月日：
1975年4月27日
出身：北海道
種目：
スキージャンプ

199

金 冬季オリンピックで日本人史上最年少の金メダリスト

西谷岳文（にしたにたかふみ）

1998年
第18回長野大会

エピソード
野球とスケート

小学校1年のとき、父にスケート教室に連れて行かれたが、氷上のスピードが怖かったようで、「もうイヤだ」と言って二度と行こうとしなかった。その後、野球を始め、冬のトレーニングとしてスケートをやることに。すると、スケートのスピード感に心を奪われ、野球をやめスケートをやるようになった。

生年月日：1979年1月17日
出身：大阪府
種目：ショートトラックスピードスケート

第18回　長野冬季大会　1998
・メダリスト一覧・

金	スキー	ジャンプ・ラージヒル個人	船木 和喜
		ジャンプ・ラージヒル団体	岡部 孝信、 斎藤 浩哉、 原田 雅彦、 船木 和喜
		フリースタイル・女子モーグル	里谷 多英
	スケート	スピードスケート・男子500m	清水 宏保
		ショートトラック・男子500m	西谷 岳文
銀	スキー	ジャンプ・ノーマルヒル個人	船木 和喜
銅	スキー	ジャンプ・ラージヒル個人	原田 雅彦
	スケート	スピードスケート・男子1000m	清水 宏保
		スピードスケート・女子500m	岡崎 朋美
		ショートトラック・男子500m	植松 仁

現地応援で話題の人物?!

芸人の江頭2:50さんも現地応援で話題に。2008年の北京オリンピック前に行われた日本女子レスリングの日本代表合宿に激励に行ったのがきっかけで、その北京オリンピックでは金色の全身タイツ姿で吉田沙保里選手を応援する姿がテレビの生中継で何度も映って話題になった。

2012年のロンドンオリンピックでは、吉田選手の「ALSOK」のCMをマネた「EGASOK」と書かれたコスチュームで女子レスリングを観戦。

2016年のリオオリンピックでは、胸に大きな日の丸と「2:50」の文字が入った金色のコスチュームに金色のガウンを羽織り、日の丸の鉢巻きをして女子レスリングを応援する姿が目撃された。

現地でオリンピックを観戦する姿はテレビ中継でおなじみとなり、本人は「女子レスリングのテレビ中継は4年に一度のレギュラー番組」と発言。

冬季大会では2018年の平昌オリンピックに駆けつけ、上下黒のコスチュームで北朝鮮美女応援団の近くでポーズをとっていたとTwitterで話題になった。

201

第19回 2002年 ソルトレークシティ 冬季大会

開催都市　アメリカ
開催期間　2月8日〜2月24日
参加国・地域数　77
参加選手数　2399
種目数　78

冬季五輪初の金メダル剥奪

スキー男子距離のヨハン・ミューレック（スペイン）、スキー女子距離のラリーサ・ラズティナ（ロシア）、とオルガ・ダニロワ（ロシア）の3選手が金メダルを獲得したが、ドーピング検査で陽性反応を示したため、大会から追放。冬季初の金メダル剥奪となった。

日本選手、メダル2つに終わる

前回の長野大会ではメダル10個と活躍した日本勢だったが、この大会はスピードスケート男子500mの清水宏保の銀とスキーフリースタイル女子モーグルの里谷多英の銅の2個のメダルに終わった。

史上最もラッキーな金メダリスト

スピードスケートショートトラックで、最も幸運な金メダリストが誕生。スティーブン・ブラッドバリー（オーストラリア）は決勝で他の選手に大きな差を付けられ最下位を滑っていた。残り一周になり、ゴール直前で先頭集団を走る4選手が次々と転倒。離れていたブラッドバリーが滑り込んで1位でゴールインするという大波乱の結末だった。

金 女子フィギュア

サラ・ヒューズ（アメリカ）
女子フィギュアで大逆転金メダル

16歳のサラは、ショートプログラムで4位だったが、フリーでは3回転－3回転の連続ジャンプなどすべてのジャンプを成功させ高得点を獲得した。上位陣が次々とミスを連発し、総合でも逆転し、金メダルに輝いた。

第20回 2006年 トリノ 冬季大会

開催都市　イタリア
開催期間　2月10日～2月26日
参加国・地域数　80
参加選手数　2508
種目数　84

オペラ歌手、パヴァロッティ

開会式ではテノール歌手のパヴァロッティが「誰も寝てはならぬ」を歌い、大会に花を添えた。しかし、開会式当日はパヴァロッティは風邪だったため、この時の歌声は生演奏ではなく、事前に録音されたものだったという。パヴァロッティにとってはこのトリノの舞台が最後の舞台だった。

50歳の金メダリスト

カーリング男子決勝で、カナダがフィンランドを破り初優勝。スキップ（主将）のラス・ハワードは50歳になったばかりで、1932年レークプラシッド大会での男子ボブスレーのオブライエン（アメリカ）のもつ、48歳の最高齢金メダル記録を74年ぶりに塗り替えた。

アルペンで50年ぶりの入賞

1956年コルチナ・ダンペッツオ大会以来、50年ぶり2回目の冬季大会開催となったイタリアだが、日本選手のスキー・アルペン男子回転でもコルチナ・ダンペッツオ大会で銀メダルの猪谷千春以来、50年ぶりのアルペン種目入賞を皆川賢太郎（4位）と湯浅直樹が（7位）が果たした。

皆川賢太郎

パートナー同士がにらみ合い

前回のソルトレークシティ大会のフィギュアスケートアイスダンスで銅メダルを獲得したマウリツィオ・マルガリオとバーバラ・フーザル＝ポリ。2人ともプロに転向していたが、地元開催のトリノオリンピックを目指しアマチュアに復帰。大会ではコンパルソリーダンスで首位に立つも、オリジナルダンスの最後のリフトでバランスを崩して転倒。演技終了後、2人はリンク上で十数秒間にらみ合う姿が放映され、話題となった。

金 アジア選手で初となるフィギュアの金メダル

荒川静香（あらかわしずか）

2006年
第20回トリノ大会

生年月日：
1981年12月29日
出身：東京都
種目：フィギュアスケート

能面をかぶったような子

5歳でスケートを始める。スケート教室で荒川を指導した長久保裕コーチによると「いくらしごいても絶対涙をみせない能面をかぶったような子だった。しごきがいがあった」

一番になりたくない

中学時代の口癖は「一番になりたくない」。理由は、週末の大会で賞状をもらうと、月曜日の朝礼で台の上に上らされるのがイヤだったから。それで手を抜いたり朝礼に遅刻したりした。

トリノで活躍したアスリート

フィギュア

エフゲニー・プルシェンコ
（ロシア）

**「皇帝」プルシェンコが
大差で金メダル**

　ショートプログラムではノーミスで当時の最高得点90.66を記録、フリーでも167.67を出し、2位以下を大きく引き離して金メダルを獲得した。ソルトレイクシティ大会とバンクーバー大会では銀メダルを獲得、ソチ大会では団体戦で金メダルを獲得している。

トリノオリンピックの金メダル
ドーナツ型のメダルデザインは現在まで
（2019年）この大会だけ。

冬季オリンピックの名実況・名言集

● 「さあ笠谷、金メダルのジャンプ。飛んだ、決まった、見事なジャンプ」
1972年札幌五輪、日の丸飛行隊、笠谷幸生の70m級ジャンプ2回目。

● 「高いぞ、立て、立て、立て、立ってくれ〜〜！」
1998年、長野五輪でスキージャンプ団体の原田雅彦、2回目のジャンプ。

● 「トリノのオリンピックの女神は荒川静香にキスをしました。」
2006年トリノ五輪、荒川静香がフィギュアスケート女子シングルで金メダル。

● 「俺じゃないよ、みんななんだみんな。」
1998年、長野五輪でスキージャンプ団体で初の金メダルを獲得したときの原田雅彦のことば。

● 「何でこんなに一段一段なんだろう。」
2010年、バンクーバー五輪で女子モーグルの上村愛子が4位に終わって。1998年長野で7位、2002年ソルトレイクシティで6位。2006年トリノは5位だった。

● 「そだね〜。」
2018年、平昌五輪で銅メダルに輝いたカーリング女子日本代表の選手たちが試合中に使っていた掛け声。この年の流行語大賞に。

第21回 2010年 バンクーバー冬季大会

開催都市　カナダ
開催期間　2月12日〜2月28日
参加国・地域数　82
参加選手数　2566
種目数　86

わずか0.02秒差

前回のトリノ大会から採用された競技、スピードスケート女子団体追い抜き（団体パシュート）に小平奈緒、田畑真紀、穂積雅子の3選手が出場。ドイツとの決勝で、ほとんど同時にゴールしたが、日本が3分02秒84、ドイツが3分02秒82。わずか0.02秒差で金メダルに届かなかった。

長島圭一郎が銀、加藤条治が銅

スピードスケート男子500mで、長島圭一郎が銀メダル、加藤条治が銅メダルを獲得した。前回のトリノオリンピックでは長島が13位、加藤が6位とメダルに届かなかったが、2人そろって雪辱を果たした。

喜劇から悲劇に

男子フィギュアスケート、ショートプログラムで4位につけていた織田信成が、フリーで喜劇王チャップリンを題材にしたメドレーに乗って演じていたが、演技中に着氷が乱れ、靴ひもが切れるというアクシデントで中断。メダルには届かず7位に終わった。この時のいわく付きのスケート靴は試合後すぐに捨てたという。

織田信成

金 フィギュア

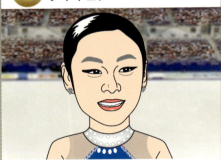

キム・ヨナ（韓国）

浅田真央とのライバル対決を制す

　女子フィギュアスケートで、大会前から浅田真央との対決が注目された。ショートプログラム78.50、フリー150.06と、当時の世界最高得点を記録し金メダルを獲得。韓国では「国民の妹」と呼ばれている。

銀 浅田真央（あさだまお）

女子フィギュアで五輪初のトリプルアクセルに成功

2010年
第21回バンクーバー大会

生年月日：
1990年9月25日
出身：愛知県
種目：フィギュア
　　　スケート

エピソード

大地真央

名前の由来は、父が女優の大地真央の大ファンだったことから「真央」と名付けた。2017年、大地真央の舞台を観に行き、大地とのツーショット写真をインスタグラムで公開。

練習大好き

5歳の頃、スケートを始める。練習が大好きで、一日8時間位しても、まだ足りないくらい練習が大好きだったという。

207

銅 フィギュア男子で日本初の五輪メダリスト

高橋大輔(たかはしだいすけ)

2010年 第21回バンクーバー大会

生年月日：1986年3月16日
出身：岡山県
種目：フィギュアスケート

エピソード

きっかけ

踊りが好きで8歳からスケートを始めた。2002年に世界ジュニア選手権で優勝したのをきっかけに、本格的な練習を開始。本番に弱く「ガラスの心臓」と呼ばれた時代もあったという。

暗い曲で勇気がでる!?

人生、ほとんどが暗いことだから、ボクよりもっと暗い人がいたら、自分はまだ大丈夫だなと思い、暗い曲を聴いて「じゃ、頑張るか」と勇気づけるという。

腰パン騒動

スノーボード・ハーフパイプの國母和宏が、日本からバンクーバーへ移動する際の公式ユニフォームを着崩す服装問題が話題に。記者会見で服装の乱れに対して「反省してま～す」と気の抜けた発言をして、連日マスコミに取り上げられた。

第21回　バンクーバー冬季大会　2010
・メダリスト一覧・

銀	スケート	スピードスケート・男子500m	長島 圭一郎
		スピードスケート・女子チームパシュート	小平 奈緒、
			田畑 真紀、
			穂積 雅子
		フィギュアスケート・女子シングル	浅田 真央
銅	スケート	スピードスケート・男子500m	加藤 条治
		フィギュアスケート・男子シングル	髙橋 大輔

夏季オリンピックの名言集②

● 「めっちゃ悔しい～！　金がいいですぅ～！」
シドニー五輪の競泳400m個人メドレーで銀メダルを獲得した田島寧子のインタビューで。

● 「すごく楽しい42kmでした。」
シドニー五輪、女子マラソンで金メダルを獲得した高橋尚子のレース後のインタビューで。

● 「最高でも金、最低でも金。」
シドニー五輪。女子柔道48kg級の田村亮子が3度目のオリンピックで悲願の金メダル。

● 「田村でも金、谷でも金。」
2004年アテネ五輪、女子柔道谷亮子が連覇。前年にプロ野球選手谷佳知と結婚。

第22回 2014年 ソチ 冬季大会

開催都市　ロシア
開催期間　2月7日〜2月23日
参加国・地域数　88
参加選手数　2858
種目数　98

開会式で五輪が四輪に

開会式でハプニングが起こった。雪の結晶が五輪マークに変わるという演出で、ひとつの輪が開かず五輪になるところが四輪に。ロシア国内のテレビでは、リハーサルの時に行われた成功映像に差し替えられ放送された。

竹内智香、4度目の出場で銀メダル

スノーボード女子パラレル大回転で、竹内智香が冬季五輪4度目の出場で銀メダルを獲得した。この種目でのメダルは日本選手史上初の快挙。女子ではアルペン種目初のメダル獲得。

浅田真央、伝説のフリー

女子フィギュアスケートで、浅田真央がショートプログラムでトリプルアクセルで転倒するなどまさかの16位に終わった。メダルはほぼ不可能な結果になったが、フリーでは6種類8回の3回転をを決める会心の演技で自己ベストとなる142.71をマーク。総合順位で6位入賞となった。

 ジャンプ女子

カリーナ・フォークト（ドイツ）
ジャンプ女子の初代女王に!!

　ノルディックスキーの新種目、女子ジャンプの初代金メダリストに輝いた。ルックス面でも人気になったが、警察官ということも話題に。金メダルが期待された高梨沙羅はまさかの4位に終わった。

210

冬季大会の日本人最年少メダリスト

平野歩夢(ひらのあゆむ)

2014年 第22回ソチ大会

エピソード

ストイック
一日に一食しか食べず、あとは水だけ。暇さえあれば腹筋のトレーニングをしている。

クール
いつも無口でシャイ。15歳という最年少でソチ五輪で最初に銀メダルを獲得したときも、心のなかでは嬉しかったけど、体で表現できない。どう喜んでいいのかわからないと語っていた。

生年月日：
1998年11月29日
出身：新潟県
種目：スノーボード・
ハーフパイプ

211

銀 冬季オリンピックの日本選手最年長メダリスト

葛西紀明（かさいのりあき）

2014年 第22回ソチ大会

エピソード

最多出場

1992年のアルベールビル大会に19歳で初出場。以後、2018年の平昌まで冬季五輪に史上最多の計8回出場。

レジェンド

2014年、W杯史上最年長優勝を海外メディアに「レジェンド」と称され、同年のソチ五輪でも41歳でメダルを獲得し、「レジェンド」はこの年の流行語にもなった。

生年月日：
1972年6月6日
出身：北海道
種目：
スキージャンプ

212

日本選手の活躍

1998年長野大会に次ぐ8つのメダルを記録。スキージャンプの葛西紀明が41歳で冬季五輪最年長で銀メダルを獲得。

逆に、スノーボード・ハーフパイプの平野歩夢は15歳で冬季五輪最年少で銀メダルを獲得するという面白い結果にもなった。

第22回　ソチ冬季大会　2014
・メダリスト一覧・

金	スケート	フィギュアスケート・男子シングル	羽生 結弦
銀	スキー	ジャンプ・男子ラージヒル個人	葛西 紀明
		ノルディック複合・ノーマルヒル個人	渡部 暁斗
		スノーボード・男子ハーフパイプ	平野 歩夢
		スノーボード・女子パラレル大回転	竹内 智香
銅	スキー	ジャンプ・男子ラージヒル団体	清水 礼留飛、竹内 択、伊東 大貴、葛西 紀明
		フリースタイル・女子ハーフパイプ	小野塚 彩那
		スノーボード・男子ハーフパイプ	平岡 卓

夏季オリンピックの名言集③

● 「チョー気持ちいい。」
　2004年アテネ五輪、競泳男子100m平泳ぎで金メダルに輝いた北島康介のインタビューで。

● 「何も言えねえ。」
　2008年北京五輪、北島康介が競泳男子100m平泳ぎで2連覇達成。インタビューで感極まり口にしたことば。

● 「康介さんを手ぶらで帰すわけにはいかない。」
　2012年、ロンドン五輪の競泳4×100mメドレーリレー、松田丈志のことば。

213

第23回 2018年 平昌 冬季大会

開催都市　韓国
開催期間　2月9日〜2月25日
参加国・地域数　92
参加選手数　2922
種目数　102

日本のメダル過去最多13個

男子フィギュアスケートシングルで2大会連続で金メダルを獲得した羽生結弦をはじめ、男子フィギュア銀メダルの宇野昌磨、ノルディック複合個人ノーマルヒルで2大会連続銀メダルの渡部暁斗。小平奈緒、高木菜那、高木美帆らが活躍した女子スピードスケート、「そだね〜」「もぐもぐタイム」で話題を集め、流行語にもなったカーリング女子など、日本勢は冬季オリンピック過去最多のメダル13個を記録した。

政治の祭典⁉

平昌大会直前にアイスホッケー女子で南北合同チームが結成、開会式に金正恩の妹、金与正が来場したりと、政治色の濃い開会式となった。また、開会式に上半身裸のトンガ代表旗手が話題になった。

金　スノーボードハーフパイプ

ショーン・ホワイト
（アメリカ）

スノーボードの花形スター

　6歳のときからスノーボードを始める。天才少年として知られ、13歳でスノーボードメーカーの草分け、バートンにスカウトされてプロになり、世界中の高額賞金大会に参加し注目を集める。トリノ五輪、バンクーバー五輪の金メダリスト。平昌大会では、平野歩夢と金メダルを争い勝利。3回目のランでの逆転勝利には「歩夢のおかげでできた」と平野を賞賛した。赤い髪の毛がトレードマークで、「赤毛のアニマル」「空飛ぶトマト」のニックネームで知られる。

金 小平奈緒
（こだいらなお）

日本の女子スピードスケートで初のオリンピック金メダル獲得

2018年
第23回平昌大会

生年月日：
1986年5月26日
出身：長野県
種目：
スピードスケート

エピソード

ビデオで研究

小学時代、長野オリンピックで活躍した清水宏保と岡崎朋美に憧れ、ふたりが滑っている映像をビデオテープがすり切れるほど見たという。

モノマネ

フィギュアスケートの羽生結弦のモノマネが得意。平昌オリンピック代表に決定したときに、インスタグラムで披露している。

金 日本人女子初の一大会で金銀銅すべてのメダルを獲得

高木美帆(たかぎみほ)

2018年
第23回平昌大会

生年月日：
1994年5月22日
出身：北海道
種目：
スピードスケート

エピソード

スーパー中学生

中学3年の15歳で、バンクーバー五輪に出場。男子に混じってサッカーをやったり、ヒップホップダンスも得意で、スーパー中学生とマスコミに注目された。

姉の姿を見て決意

2014年のソチ五輪は代表になれず、姉は代表に選ばれた。競技している姉の姿を見て、本気の姿がかっこいいと思い、スケートにすべてをかけることにした。そして、平昌五輪は姉妹そろって出場し、姉妹で複数のメダルを獲得した。

216

日本人女子選手初の一大会2つの金メダル獲得

高木菜那（たかぎなな）

2018年
第23回平昌大会

生年月日：
1992年7月2日
出身：北海道
種目：
スピードスケート

エピソード

五輪に出たい

妹の美帆が、中学3年でバンクーバー五輪に出場するのを見て、「妹に勝ちたい、自分もオリンピックに出たい」と頑張り、2014年ソチ五輪で念願の五輪代表に選ばれた。

姉妹でメダル

2018年平昌五輪では初めて姉妹そろって出場。菜那は、新種目のマススタートで初代金メダル。団体追抜でも金メダルを取り、一大会で2つの金メダルを獲得した。妹の美帆も、金銀銅それぞれのメダルを獲得、姉妹そろってメダリストに。

金 男子シングル種目で66年ぶりのオリンピック連続金メダル

羽生結弦（はにゅうゆづる）

2018年
第23回平昌大会

生年月日：
1994年12月7日
出身：宮城県
種目：フィギュア
スケート

エピソード

名前の由来

「結弦」という名前の由来は、「弓の弦を結ぶように、凛とした生き方をしてほしいという願いを込め、父が名付けた。

ゆづシェンコ

4歳でスケートを始めた。スケートをしていた姉について行ったのがきっかけ。ロシアのプルシェンコに憧れ、髪型もプルシェンコのマシュルームカットを真似ていた時期もある。後に、幼い頃のプルシェンコの髪型を真似た羽生結弦のことをファンの間では「ゆづシェンコ」と呼んでいる。

平昌で活躍したアスリート

2018年 第23回 平昌大会

 # アリーナ・ザギトワ
フィギュアスケート

生年月日：2002年5月18日
出身：ロシア
種目：フィギュアスケート

秋田犬マサル

五輪前、合宿が組まれた新潟県で雑誌を見ていて、秋田犬に一目惚れ。大会終了後、「秋田犬を飼ってみたい」と言ったことが、ロシアフィギュアスケート連盟の公式ニュースの情報にのり、産地の秋田県側がプレゼントする運びになった。贈られたのは雌犬の秋田犬なのに、勝利にちなんで「マサル」と名付け話題になった。

第23回　平昌冬季大会　2018
・メダリスト一覧・

金	スケート	スピードスケート・女子500m	小平 奈緒
		スピードスケート・女子チームパシュート	髙木 美帆、
			菊池 彩花、
			佐藤 綾乃、
			髙木 菜那
		スピードスケート・女子マススタート	髙木 菜那
		フィギュアスケート・男子シングル	羽生 結弦
銀	スキー	ノルディック複合・ノーマルヒル個人	渡部 暁斗
		スノーボード・男子ハーフパイプ	平野 歩夢
	スケート	スピードスケート・女子1000m	小平 奈緒
		スピードスケート・女子1500m	髙木 美帆
		フィギュアスケート・男子シングル	宇野 昌磨
銅	スキー	ジャンプ・女子ノーマルヒル個人	髙梨 沙羅
		フリースタイル・男子モーグル	原 大智
	スケート	スピードスケート・女子1000m	髙木 美帆
	カーリング	女子団体戦	吉田 夕梨花、
			鈴木 夕湖、
			吉田 知那美、
			藤澤 五月、
			本橋 麻里

【主な参考文献】

・世界の名選手　スポーツ物語	米内義雄編	日本児童文庫刊行会
・世界名選手物語（お話博物館・5年生）	進士益太、中山信夫（著）太田大八（絵）	実業之日本社
・オリンピックと日本スポーツ史	日本体育協会（編集）	日本体育協会
・われらすべて勝者―東京オリンピック写真集		講談社
・オリンピック百話	朝日新聞運動部（著）	朝日文庫
・101個の金メダル ―オリンピックにおけるニッポンの活躍―		新紀元社
・オリンピック・トリビア！―汗と涙と笑いのエピソード	満薗文博（著）	新潮文庫
・歴史ポケットスポーツ新聞　冬季オリンピック	菅原悦子（著）	大空出版
・オリンピック全記録ハイライト＆珍エピソード600連発		
ロンドン五輪が100倍楽しくなる！！	菅原悦子（著）	大空出版
・オリンピック雑学150連発	満薗文博（著）	文春文庫
・1940年 まぼろしの東京オリンピック		日本オリンピック・アカデミー
・オリンピックの「意外」な真実 ~夏冬五輪の		
"熱いドラマ"と"仰天の舞台裏"	武田知弘（著）	だいわ文庫
・日本の金メダリストじてん《1》		
夏季オリンピック・冬季オリンピック編		
中嶋舞子（著）, 大熊廣明（監修）, こどもくらぶ（編集）		ベースボールマガジン社
・オリンピック101の謎	吹浦忠正（著）	新潮文庫
・スポーツ20世紀 甦る 「スポーツの世紀」の記憶		
Vol.4 超人伝説 記録と限界への挑戦者		ベースボールマガジン社
Vol.5 「ニッポン」の栄光 五輪メダリストたちの輝き		ベースボールマガジン社
Vol.8 カリスマの系譜 スーパースター最強列伝		ベースボールマガジン社
・Number　スーパースターとその時代。20世紀スポーツ最強伝説1		文藝春秋
・　　　　1998年を見る。		文藝春秋
・　　　　2000年を見る。		文藝春秋
・　　　　シドニー五輪完全保存版		文藝春秋
・　　　　アテネオリンピック永久保存版		文藝春秋
・　　　　平成五輪秘録。		文藝春秋
・週刊20世紀　朝日クロニクル　スポーツの100人		朝日新聞社
・週刊サンケイ 東京オリンピック1964 臨時増刊写真特集（1964・11・15		扶桑社
・　　　　特別増刊 ミュンヘン・オリンピックの全記録		扶桑社
・　　　　臨時増刊（1976年8月15日号）モントリオールオリンピック全記録		扶桑社
・オリンピックの顔 東京大会に競うう世界の一流選手たち		読売新聞社
・週刊読売・札幌オリンピック冬季大会詳報 （1972・3・3）		読売新聞社
・週刊読売臨時増刊 躍動の美 '88ソウルオリンピック総集号 1988年 10/20号		
「燃えたドラマの主役たち」栄光の全記録		読売新聞社
・週刊読売臨時増刊 アトランタ・オリンピック（1996・8・28）		読売新聞社
・週刊ベースボール増刊		
ATLANTA 1996 THE OLYMPIC GAME アトランタからの爽風		ベースボールマガジン社

- ・週刊読売／読売新聞社
- ・週刊朝日／朝日新聞社
- ・サンデー毎日／毎日新聞社
- ・週刊サンケイ／扶桑社
- ・週刊新潮／新潮社
- ・文藝春秋・週刊文春・Number ／文藝春秋
- ・週刊現代・婦人倶楽部／講談社
- ・週刊ポスト・中学生の友・小学四年生・小学六年生／小学館
- ・週刊平凡／マガジンハウス
- ・週刊明星・セブンティーン／集英社
- ・陸上競技マガジン・SWIMMING MAGAZINE ／ベースボールマガジン社
- ・月刊スポーツアイ／株式会社スポーツアイ

（新聞）
- ・読売新聞／朝日新聞／毎日新聞／日本経済新聞／中日新聞／北国新聞／
報知新聞／日刊スポーツ／スポーツニッポン／サンケイスポーツ／東京スポーツ

あとがき

「覚えておきたいオリンピックの顔」、最後まで読んでいただきありがとうございました。「令和」の時代で一番盛り上がるであろう2020年東京オリンピックを前に、

これまでオリンピックで活躍した歴代メダリストを似顔絵とエピソードで振り返ってみるのも面白いのではないかと思い、このような本を企画させていただきました。どこからでもサッと読める楽しい一冊になっていますので、暇なときにでも、何回も読み返していただけたら嬉しいです。

オリンピックでは、これまで数多くの感動的なシーンを見させてもらいましたが、私がとくに印象に残っているのはシドニーオリンピック女子マラソンで優勝した高橋尚子選手。試合前に行われた記者会見で、「シドニーではテレビを見ている人にワクワク、ドキドキしたレースを披露して、終わったら自分も走ってみようと思わせるレースをする」と言っていたQちゃんは、会見通りの素晴らしいマラソンを披露し、朝からずっとテレビに釘付けになって見ていた私は、Qちゃんが優勝した瞬間、自分が金メダルを取ったと勘違いするほど嬉しくなったのを覚えています。

レースを見終わった後、Qちゃんが会見で言っていたように「自分も走ってみよう！」とはさすがに思いませんでしたが、四年に一度、オリンピックにかける一流アスリートの熱い戦い、躍動する姿を見せつけられると、選手たちの素晴らしさに感動し、深夜だろうが、早朝だろうが、寝不足だろうが、次の日の予定も考えずテレビでオリンピック中継を見て応援してしまいます。

2020年の東京オリンピックをはじめ、令和時代のオリンピックも勇気と感動をたくさんいただけると思うと、少しで

も長生きしなくてはと思います。この本で、私が勝手に選んで描かせていただいた歴代メダリストの皆様、色々と本当にすみません、ありがとうございました。オリンピックの顔の人物の選び方は私の個人的判断です。ここで紹介しきれなかった歴代メダリストの方々のほうがたくさんいまして、メダリスト全員描きたかったのですが、そうするとかなりの時間が必要で、2020年の東京オリンピックも終わってしまいますので、また何か機会があれば描かせていただきたいと思っております。

　最後に、この著作を出版するに当たり、いつも私の担当をしてくださる中沖さん、飲み屋に付き合っていただき、私が考えた企画の話をいつも聞いて力になってくださるアルベルト高野さん、清水書院の皆様、いつもお世話になっている渡辺さん、その他たくさんの方々、そして、この本を手に取って下さった皆様、本当に心より感謝しております。

最後に、金メダルがとても似合う日本を代表する 夏季・冬季 の女性アスリート2人を描いてみました。オリンピックでも金メダル獲得の瞬間を見てみたい♪

著者紹介

絵と文
本間康司（ほんま こうじ）
1968年生まれ、東京都出身。

1993年から共同通信配信記事のイラストに登場。
1998年の小渕内閣から党執行部の横顔、新閣僚の横顔の似顔絵を担当。
似てる似てないはともかく、新聞、本、雑誌など、今までに、たぶん4000人以上の似顔絵を提供。

主な著書
『長嶋語録かるた』（日本テレビ出版 2001年）
『覚えておきたい 総理の顔』（清水書院 2012年）
『覚えておきたい 人と思想100人』（清水書院 2014年）
『思い出しクイズ昭和の顔』前編・後編（清水書院 2015年）
『覚えておきたい 幕末維新の100人＋1』（清水書院 2017年）
『覚えておきたい 戦国武将100』（清水書院 2018年）

写真提供	iStock、ピクスタ、朝日新聞社、フォート・キシモト、アフロ、Alamy
ブックデザイン	上迫田智明
DTP制作	株式会社 新後閑

覚えておきたい オリンピックの顔
～歴代メダリストのガイドブック～

2019年8月15日　　初版発行

絵と文　　本間 康司（ほんま こうじ）

発行者　　野村久一郎
発行所　　株式会社 清水書院
　　　　　〒102-0072
　　　　　東京都千代田区飯田橋3-11-6
　　　　　電話　03-(5213)-7151
印刷所　　広研印刷 株式会社
製本所　　広研印刷 株式会社

定価はカバーに表示

●落丁・乱丁本はお取り替えいたします。

本書の無断複写は著作権法上での例外を除き禁じられています。複写される場合は、そのつど事前に、(社)出版者著作権管理機構電話03-5244-5088 FAX 03-5244-5089、e-mail：info@jcopy.or.jp）の許諾を得てください。

ISBN 978-4-389-50098-6　　　Printed in Japan